Kohlhammer

Fallbuch Pädagogik

Herausgegeben von Armin Castello

Eine Übersicht aller lieferbaren und im Buchhandel angekündigten Bände der Reihe finden Sie unter:

 https://shop.kohlhammer.de/fallbuch-paedagogik

Die Autorin

Dr. Catarina Katzer ist Volkswirtin, Soziologin sowie Sozialpsychologin; sie promovierte und lehrte am Institut für Wirtschafts- und Sozialpsychologie der Universität zu Köln und leitet heute das Institut für Cyberpsychologie und Medienethik in Köln. Sie gilt als internationale Expertin für die Vernetzung von Digitaltechnologie und künstlicher Intelligenz mit Individuum und Gesellschaft und deren Einfluss auf Denken, Fühlen, Handeln, Ich-Kultur, Gemeinschaftserleben, Politik und Wirtschaft. Zu ihrer Spezialdisziplin gehört das negative digitale Sozialverhalten (»Digitale Hasskulturen, Fake News, Cybergrooming oder Cyberbullying«). So entwickelte sie erste Studien im deutschsprachigen Raum zu der Thematik »Virtuelle Aggression, Cyberbullying und sexuelle Viktimisierung in den Online Medien«.

Catarina Katzer

Cybermobbing

Digitale Gewalt pädagogisch überwinden

Verlag W. Kohlhammer

Dieses Werk einschließlich aller seiner Teile ist urheberrechtlich geschützt. Jede Verwendungaußerhalb der engen Grenzen des Urheberrechts ist ohne Zustimmung des Verlags unzulässig und strafbar. Das gilt insbesondere für Vervielfältigungen, Übersetzungen, Mikroverfilmunge und für die Einspeicherung und Verarbeitung in elektronischen Systemen.

Die Wiedergabe von Warenbezeichnungen, Handelsnamen und sonstigen Kennzeichen in diesem Buch berechtigt nicht zu der Annahme, dass diese von jedermann frei benutzt werden dürfen. Vielmehr kann es sich auch dann um eingetragene Warenzeichen oder sonstige geschützte Kennzeichen handeln, wenn sie nicht eigens als solche gekennzeichnet sind.

Es konnten nicht alle Rechtsinhaber von Abbildungen ermittelt werden. Sollte dem Verlag gegenüber der Nachweis der Rechtsinhaberschaft geführt werden, wird das branchenübliche Honorar nachträglich gezahlt.

Dieses Werk enthält Hinweise/Links zu externen Websites Dritter, auf deren Inhalt der Verlag keinen Einfluss hat und die der Haftung der jeweiligen Seitenanbieter oder -betreiber unterliegen. Zum Zeitpunkt der Verlinkung wurden die externen Websites auf mögliche Rechtsverstöße überprüft und dabei keine Rechtsverletzung festgestellt. Ohne konkrete Hinweise auf eine solche Rechtsverletzung ist eine permanente inhaltliche Kontrolle der verlinkten Seiten nicht zumutbar. Sollten jedoch Rechtsverletzungen bekannt werden, werden die betroffenen externen Links soweit möglich unverzüglich entfernt.

1. Auflage 2023

Alle Rechte vorbehalten
© W. Kohlhammer GmbH, Stuttgart
Gesamtherstellung: W. Kohlhammer GmbH, Stuttgart

Print:
ISBN 978-3-17-040432-8

E-Book-Formate:
pdf: ISBN 978-3-17-040433-5
epub: ISBN 978-3-17-040434-2

Inhaltsverzeichnis

1	Einleitung	9

2	Fachliche Grundlagen	12
2.1	Formen von Cybermobbing	12
2.2	Prävalenzen an Schulen	15
2.3	Betroffene und Täter*innen	17
2.4	Genderbezogene Unterschiede	18
2.5	Risiko- und Schutzfaktoren bezüglich Täterschaft	20
2.6	Risiko- und Schutzfaktoren bezüglich Viktimisierung	22
2.7	Krisen als Risikofaktor	23
2.8	Auswirkungen für die Betroffenen von Cybermobbing	24
2.9	Die Situation der Täter*innen	26

3	Pädagogisches Handeln bei Cybermobbing	29
3.1	Bedeutung pädagogischer Prävention	30
3.2	Bestandteile präventiven Handelns	31
3.2.1	Medienerziehung	31
3.2.2	Gewaltprävention	32
3.2.3	Ausbildungs- und Beratungsstrukturen	34
3.3	Präventionsmanagement an Schulen	35
3.3.1	Erhebung zu Cybermobbing innerhalb der Schule	35

3.3.2	Fortbildung für Lehrkräfte	37
3.3.3	Bauliche Situation	38
3.3.4	Schüler*innenkompetenz: Klassenprojekte zum Thema Cybermobbing	39
3.3.5	Widerstandskraft gegen Cybermobbing: Resilienzförderung	40
3.3.6	Coaching von Bystanderprozessen	42
3.3.7	Digitale Medienbildung in die Fächer integrieren	45
3.3.8	Beratungs- und Hilfestrukturen	45
3.4	Handeln bei akuten Cybermobbing-Ereignissen	46
3.4.1	Informationen erheben	47
3.4.2	Aufarbeitung der Taten	48
3.4.3	Aggressives Verhalten reduzieren	48
3.4.4	Bedürfnisse ansprechen	49
3.4.5	Erkennen von Emotionen, entwickeln sozialer Kompetenzen und konstruktiver Konfliktlösungen	51

4	**Fallvignette Lina**	**53**
4.1	Ausgangslage	53
4.2	Erhebung weiterer Informationen	55
4.2.1	Kollegialer Austausch	55
4.2.2	Externe fachliche Unterstützung	56
4.2.3	Kontakt zur betroffenen Person	56
4.2.4	Elterngespräch	57
4.2.5	Externe Unterstützung für die Eltern	57
4.2.6	Elterngespräch mit Lina	58
4.3	Pädagogisches Vorgehen	59
4.3.1	Einbindung der involvierten Personen	59
4.3.2	Handeln gegenüber Betroffenen, Täter*innen und im Klassenumfeld	63
4.3.3	Resilienzförderung	68

4.3.4	Prävention	71
4.4	Schlussbetrachtung und Auswertung	75

5 Fallvignette Paul — 77

5.1	Ausgangslage	77
5.2	Erhebung weiterer Informationen	78
5.3	Gespräch mit Paul und dessen Eltern	81
5.4	Pädagogisches Vorgehen	82
5.4.1	Hilfe für die Verarbeitung der Situation	82
5.4.2	Cybermobber*innen und deren Eltern	83
5.4.3	Vorbereitung: Opfer und Täter*innen Aufarbeitung	85
5.4.4	Konfrontation: Hintergründe, Lösung der Situation und Wiedergutmachung	86
5.4.5	Resilienzförderung für Paul	88
5.4.6	Resilienzförderung der Cybermobber*innen	89
5.5	Auswertung der Maßnahmen	94

6 Fallvignette Marvin — 96

6.1	Ausgangslage	96
6.2	Erhebung weiterer Informationen	99
6.3	Pädagogisches Vorgehen	102
6.3.1	Intervention: Bewältigung des Cybermobbing	103
6.3.2	Prävention	106
6.3.3	Schlussbetrachtung	113

7 Abschließende Bemerkungen — 115

8	Ressourcen	117
8.1	Hilfe und Rat bei Cybermobbing	117
8.2	Praktische Beispiele für den Schulunterricht zu »Cybermobbing«	119
8.3	Präventionskonzepte gegen Cybermobbing und Mobbing/Gewalt	120

9	Literatur	122

10	Anhang	133

Cybermobbing Fragebögen	133
Cybermobbingreport für Schüler*innen	133
Cybermobbingreport für Lehrer*innen	140
Cybermobbingreport für Eltern	154
Fragen zu Cybermobbing für Grundschüler*innen	163
Resilienztraining Cybermobber*innen	164
Diskussionsleitfaden für die Gruppenarbeit in Klassen	166
Diskussionsleitfaden für den Einsatz von Fokusgruppen	168
Gesprächsleitfaden in Anlehnung an die Farsta-Methode (modifiziert nach Taglieber, 2008)	169

1
Einleitung

Das gesellschaftliche Umfeld von Kindheit und Pubertät hat sich in den letzten Jahren dramatisch verändert. Internet, Smartphones und soziale Medien wie Facebook, WhatsApp, Instagram, Snapchat und TikTok sind zu einem neuen Koordinatensystem für emotionale und kognitive Prozesse und soziales Handeln geworden. Auch in Schulen wird intensiv wahrgenommen, dass digitale Technologien den Umgang miteinander verändern und entscheidenden Einfluss auf die Entwicklung von Kindern und Jugendlichen haben. Einerseits ist das »Netz« ein ideales Medium für das Spielen mit der eigenen Identität und Persönlichkeit im Jugendalter, andererseits werden neue Kommunikationsformen immer stärker auch für eine destruktive Kommunikation und Austragung von Konflikten genutzt.

1 Einleitung

Eine besondere Rolle nimmt hier Mobbing ein, denn durch das Internet ist diesbezüglich eine neue Dimension entstanden, das sogenannte Cyberbullying oder Cybermobbing (Belsey, 2005; Beran & Li, 2005; Cross et al., 2008; Jäger et al., 2007; Jones et al., 2013; Katzer et al., 2009a, b; Katzer und Fetchenhauer, 2007; Floros et al., 2013; Katzer, 2009,2013, 2019; Kowalski et al., 2008, 2014; Li, 2007,2006; Patchin & Hinduja, 2006; Riebel et al., 2009; Scheithauer et al., 2020; Schultze-Krumbholz & Scheithauer, 2010; Kliem et al., 2020; Slonje & Smith, 2008; Willard, 2006). Cybermobbing zeigt sich in zahlreichen Erscheinungsformen, wie z. B. in herabsetzenden Kommentaren oder Hassgruppen auf Facebook und WhatsApp, entwürdigenden Videos auf YouTube oder Fotos von Mitschüler*innen in unangenehmen, peinlichen Situationen, teilweise auch Fälschungen, die über Snapchat oder andere Fotodienste wie Instagram verbreitet werden, sowie in Gerüchten, Verleumdungen und Beleidigungen. Cybermobbing nimmt inzwischen bedenkliche Ausmaße an, denn immer mehr Kinder und Jugendliche sehen sich den scheinbar unausweichlichen Angriffen über die sozialen Medien ausgesetzt. Im europäischen Durchschnitt erlebt jeder fünfte Jugendliche zwischen 14 und 17 Jahren Cybermobbing, bei Jugendlichen mit soziökonomischer Benachteiligung ist jede*r Vierte betroffen (Athanasiou et al., 2018; Scheithauer et al., 2019). Ein besonderes Problem dabei ist, dass Täter*innen und Opfer immer jünger werden. In einer Befragung aus dem Jahr 2020 geben rund 10 Prozent der Eltern von Grundschüler*innen an, dass ihre Kinder Opfer von Cybermobbing geworden sind (Beitzinger et al., 2020). Auch hat die Belastung der Betroffenen in den letzten Jahren deutlich zugenommen, ca. 30 Prozent sind dauerhaft traumatisiert und jede*r Vierte denkt an Suizid (Leest und Schneider, 2017; Beitzinger et al., 2020).

Insgesamt erweist sich Cybermobbing als vielschichtiges Phänomen, denn nicht nur die Opfersituation hat sich aufgrund der öffentlichen Bloßstellung, fehlender Schutzräume und häufiger Endlosviktimisierung verändert. Auch die Situation der Täter*innen ist eine vollkommen neue und zeigt Auswirkungen auf emotionale und kognitive Prozesse. Somit bedarf Cybermobbing im schulischen Alltag einer besonderen Aufmerksamkeit. Kinder und Jugendliche können zwar in der technischen Handhabung der Hard- und Software sehr versiert und vielfach kompetenter als die Erwachsenen sein. Dennoch fehlt es ihnen in der Regel an Lebenserfahrung, um belastende Erlebnisse zu verarbeiten oder zu verstehen, was sie mit ihrem Handeln anderen antun können.

In pädagogischen Kontexten besteht in vielen Fällen ein sehr hoher Aufklärungsbedarf. Dabei spielt Präventionsmanagement in Form von Schutzmaßnahmen, Hilfsangeboten, Betreuung, nachhaltiger Prävention und Intervention eine besondere Rolle. Pädagogisches Wissen ist hier das zentrale Element, denn es verknüpft das Erkennen der situativen Bedingungen und Hintergründe, lösungsorientiertes Vorgehen sowie die Implementierung neuer Lerninhalte und Organisations-, Hilfe- und Beratungsstrukturen.

Der erste Teil dieses Bandes wird sich mit den Hintergründen, Risikofaktoren und Auswirkungen des digitalen Gewaltphänomens Cybermobbing auf Opfer- und Täter*innenseite befassen. Im zweiten Teil wird Cybermobbing als Herausforderung für den schulischen Alltag praxisorientiert betrachtet. Dabei wird erläutert, wie ein umfassendes Präventionsmanagementkonzept aussehen könnte und welche Strukturen, Inhalte und Methoden vor einem medienpädagogischen Hintergrund im Schulcurriculum implementiert werden sollten. Im dritten Teil des Buches wird anhand von drei Fallvignetten konkretes pädagogisches Handeln unter Einbezug theoretischen und empirischen Wissens aufgezeigt. Ziel ist es, die Komplexität der Problematik aufzubrechen und fundierte Handlungsstrategien zu erarbeiten. Dabei wird die Vorgehensweise, die Entwicklung einer Handlungsstrategie und deren Organisation dargestellt, ohne den Blick für die Individualität des Einzelfalles zu verlieren. Den Abschluss bilden Ressourcen für die methodische Umsetzung sowie Online-Informationen, Experten*innenkontakte und Arbeitsmaterialien.

Ein herzliches Dankeschön an Friederike Grabowski und Felix Castello, die die Entstehung dieses Buches mit großem Einsatz und Engagement unterstützt haben.

Köln im März 2023
Catarina Katzer

2

Fachliche Grundlagen

2.1 Formen von Cybermobbing

Tokunaga (2010) definiert jedes Verhalten als Cyberbullying oder Cybermobbing, das via elektronischer bzw. digitaler Medien geschieht und, um anderen Schaden zuzufügen, in wiederholten aggressiven Botschaften besteht.

Untersuchungen aus den USA, Europa und Asien zeigen, dass sich virtuelle Kommunikationsräume, ob Chaträume, Messengerdienste, soziale Netzwerke oder Foto- und Videoportale, zu einem Tatort für digitale Gewalt entwickeln (Balakrishnan, 2015; Chan & Wong, 2016; Cross, 2008; Dehue et al., 2008; Katzer, 2016a; Erdur-Baker, 2010; Finkelhor et al., 2000; Hinduja & Patchin, 2008, 2010; Kolodej, 2011;

Katzer & Fetchenhauer, 2007; Katzer, 2013; Schultze-Krumbholz & Scheithauer, 2009, 2010; Ybarra & Mitchell, 2004). Formen verbalen und psychischen Mobbings können über das Internet und die mögliche Vernetzung verschiedener technologischer Equipments leicht ausgeübt werden (Ey et al., 2019; Gradinger et al., 2009; Li, 2006; Katzer, 2009, 2011a, b; Petras & Petermann, 2019; Peter & Petermann, 2018; Rivers & Noret, 2010; Staude-Müller et al., 2009; Floros et al., 2013; Smith et al., 2008; Ybarra et al., 2006). Innerhalb von Sekunden werden verletzende Inhalte unabhängig vom Aufenthaltsort versendet oder intime, peinliche oder manipulierte Fotoaufnahmen und Videos per E-Mail, über soziale Netzwerke oder Videoportale Hunderttausenden im Internet zugänglich gemacht.

Unterschieden wird zwischen verbalem und psychischem Cybermobbing: Unter verbalem Cybermobbing versteht man z. B. Hänseleien, Beleidigungen, Erpressungen oder Drohungen über SMS, E-Mails, in Chatrooms, sozialen Netzwerken, Blogs oder über Webseiten. Um psychisches Cybermobbing handelt es sich, wenn online Gerüchte und Lügen verbreitet werden, Menschen bei Chatgesprächen isoliert, nicht beachtet oder blockiert oder Freundschaftsanfragen immer wieder abgelehnt werden. Auch das Veröffentlichen intimer oder peinlicher Fotos und Videoclips in sozialen Netzwerken oder über Videoplattformen wie YouTube zählt dazu.

Differenziert werden kann weiterhin zwischen direkten und indirekten Verhaltensweisen. Direktes Cybermobbing beinhaltet Beleidigungen (harassment), sozialen Ausschluss (exclusion) oder Drohungen und Erpressungen (threat). Indirektes Cybermobbing bezeichnet das Verbreiten von Lügen (denigration), von Geheimnissen oder privatem Bildmaterial (outing and trickery) oder die Identitätsübernahme einer Person (impersonation).

Cybermobbing tritt vor allem in Form von Beschimpfungen und Beleidigungen auf, gefolgt von Gerüchten und Verleumdungen (Beitzinger et al., 2020). Eine besondere Art ist die Gründung sogenannter »Hassgruppen« in sozialen Netzwerken oder auf WhatsApp. Was zunächst wie ein Fanclub aussieht (z. B. »Tims beste Freunde«), hat das eigentliche Ziel, jemanden durch Hänseleien oder Verleumdungen zu schädigen. Deutlich zugenommen haben Ausgrenzungen und Ablehnungen von Kontaktanfragen sowie der Einsatz von peinlichem Foto- oder Videomaterial (Beitzinger et al., 2020). Jugendliche werden z. B. im Umkleideraum oder der Sporthalle beobachtet und fotografiert bzw. per Video beim Duschen aufgenommen. So lassen Cybermobber*innen beispielsweise den Eindruck von einem 13-jährigen Jungen entstehen, er schaue den anderen Jungen beim Umkleiden gerne auf die Genitalien. 2020 gab außerdem jeder vierte jugendliche Betroffene an, dass Fotos von seinem Social-Media-Profil oder aus anderen Online-Fotoalben kopiert und woanders veröffentlicht wurden. Von den weiterführenden Schulen sind hiervon besonders Haupt- und Realschulen betroffen (Beitzinger et al., 2020). Mittlerweile werden auch zunehmend häufiger Passwörter von Profilen in sozialen Netzwerken wie Facebook »geknackt« oder gezielt Fake-Profile erstellt, um z. B. peinliche oder veränderte Fotos, Vorlieben, Meinungen etc. einzufügen und den Betroffenen zu verleumden oder bloßzustellen. Mädchen werden etwas häufiger Opfer von Fake-Profilen. Dabei kann es auch zu einer Verlinkung mit Webseiten kommen, die pornografische, homophile/homophobe oder rechtsradikale Inhalte zeigen. Der Einsatz von Fake-Profilen kommt am häufigsten an Haupt- und Werkrealschulen sowie in Berufsschulen vor (Beitzinger et al., 2020). In aller Regel wissen Betroffene zunächst nicht, dass dieses Profil von ihnen existiert. Im schulischen Umfeld zeigen sich dann die Auswirkungen der Diffamierung in Form von Beschimpfungen.

Profile in sozialen Netzwerken sollten aus diesem Grund regelmäßig überprüft werden. Fake-Profile sollten dem Provider unverzüglich gemeldet werden. Eine hilfreiche Suchmaschine zum Auffinden eigener Inhalte ist z. B. das Portal Yasni. Hier kann ein Profil mit dem eigenen Namen unter Angabe der E-Mail-Adresse angegeben werden und man erhält in regelmäßigen Abständen von Yasni eine Liste von allen Einträgen, Fotos etc., die unter diesem Namen im Internet existieren.

Auch die »Tatorte« für Cybermobbing haben sich gewandelt: Waren es vor einigen Jahren überwiegend Chatrooms, Blogs oder E-Mails, zeigt sich 2020 für Deutschland, dass mittlerweile am häufigsten Instant Messaging, z. B. WhatsApp, und soziale Netzwerke wie Facebook für Cybermobbing genutzt werden, gefolgt von Charträumen, Videoplattformen, Foren und E-Mailing (Beitzinger et al., 2020). Das Smartphone ist dabei seit Jahren die »Tatwaffe« Nummer eins (vgl. Katzer, 2016a).

2.2 Prävalenzen an Schulen

Cybermobbing ist zwar kein neues Phänomen, hat sich aber in den letzten Jahren den digitalen Veränderungen angepasst und an Brisanz zugenommen. So macht es die Verbreitung der Smartphones möglich, dass Cybermobbing an nahezu jedem Aufenthaltsort und jederzeit stattfinden kann. Mehr als jedes zweite Kind zwischen 6 und 7 Jahren (54 Prozent) nutzt zumindest hin und wieder ein Smartphone. Ab 10 Jahren haben 75 Prozent ein eigenes Gerät (Berg, 2019). Die beteiligten Personen bei Cybermobbing werden daher immer jünger. Jede vierte Grundschullehrkraft kennt mindestens einen Fall an der eigenen Schule (Beitzinger et al., 2020). Problematisch ist, dass insbesondere Grundschulen aktuell die geringsten Aktivitäten im Bereich Prävention aufweisen. Dies liegt möglicherweise daran, dass es an fachlich fundierten Konzepten zur Prävention von Cybermobbing mangelt.

Die meisten Cybermobbingvorfälle finden aber an Haupt-, Werkreal- und Realschulen statt. 71 Prozent bzw. 76 Prozent der Lehrkräfte dort kennen mindestens einen Fall. Etwas geringer fällt die Prävalenz an Gymnasien (65 Prozent) und Gesamtschulen (62 Prozent) aus (Beitzinger et al., 2020). Ein Blick auf die Entwicklung in Deutschland dokumentiert insgesamt einen erheblichen Anstieg von Cybermobbing unter Kindern und Jugendlichen. Zwischen 2017 und 2020 stieg die Zahl der Betroffenen zwischen 8 und 19 Jahren in Deutschland von ca. 1,5 Mio. auf 2 Mio. (Leest und Schneider, 2017; Beitzinger et al., 2020; s. auch JIM Studie, 2020). Dabei verstärken gesellschaftliche Krisen die Cybermobbingproblematik. Der zweite und dritte Corona-

Lockdown in der Bundesrepublik hat zu einer Ausweitung von Cybermobbing beigetragen (Beitzinger et al., 2020).

In den Nachbarländern Deutschlands wird ebenso ein Zuwachs sichtbar, wie z. B. in der Schweiz. Mittlerweile wird dort jede*r Vierte der 12-19-jährigen Opfer von Cybermobbing (Bernath et al., 2020). Eine Zunahme der Mobbing- und Cybermobbingproblematik sieht man auch in Österreich. Bei unseren Nachbarn wird seit 2017 ein Plus von 12 Prozent verzeichnet. Unter Berücksichtigung von Überschneidungen geben 28,1 Prozent der österreichischen Schülerinnen und Schüler in der 3.-13. Schulstufe an, von Mobbing/Cybermobbing betroffen zu sein. Rund 37 Prozent haben Cybermobbing bereits bei anderen beobachtet (Arbeiterkammer Steiermark, 2019).

Die Forschung in den vergangenen Jahren macht erhebliche Länderunterschiede in der Auftretenshäufigkeit sichtbar. Der asiatische Raum hat die höchsten Prävalenzraten: So sind 44 Prozent der chinesischen Schüler*innen im Alter von 14 Jahren von Cybermobbing betroffen (Rao et al., 2019). Während in den USA seit Jahren die Betroffenheit bei circa einem Drittel der 10-18-Jährigen stabil bleibt (vgl. Hinduja und Patchin, 2019), zeigt sich in Deutschland in den letzten Jahren der bereits dargestellte Anstieg. Es lohnt sich außerdem, einen Blick in die nordeuropäischen Staaten und die Niederlande zu werfen. Finnland berichtet eine Prävalenz von ca. 15 Prozent in der Altersgruppe der 14-16-Jährigen (Hassinen, 2018). Hier wird seit Jahren das positiv evaluierte Präventionsprogramm KiVa der Universität Turku implementiert (https://www.kivaprogram.net/), das mittlerweile fast an 90 Prozent der finnischen Ausbildungsinstitutionen zum Einsatz kommt. Die Niederlande setzen seit 2016 eine Verpflichtung aller Schulen zur Prävention von Cybermobbing um (s. Katzer, 2016a), deren Finanzierung und Ausstattung von staatlicher Seite zur Verfügung gestellt werden. Die Einhaltung der Verpflichtung wird über ein Monitoring des niederländischen Bildungsministeriums kontrolliert. Während ca. 25 Prozent der deutschen 14-16-Jährigen in Cybermobbing viktimisiert werden, sind es in den Niederlanden 15 Prozent in dieser Altersgruppe (Athanasiou et al., 2018).

Die positiven Auswirkungen zeigen sich insbesondere bei der Risikogruppe der Jugendlichen aus sozioökonomisch benachteiligten Familien: In den Niederlanden sind 15 Prozent sozioökonomisch benachteiligter Jugendlicher von Cybermobbing betroffen, in Deutschland über 35 Prozent (Fannrich-Lautenschläger, 2019; Scheithauer et al., 2019, auch Blurred Lives Project). Somit steht die Förderung digitaler Skills und sicherer Nutzungsstrategien in deutlichem Zusammenhang mit geringeren Prävalenzen.

2.3 Betroffene und Täter*innen

Bei der Altersverteilung werden zwei Gruppen als Hauptbetroffene unterschieden. Cybermobbing tritt am häufigsten bei den 13- und den 17-Jährigen auf (ca. 28 Prozent) (vgl. Beitzinger et al., 2020). Vor einigen Jahren betrug deren Anteil noch weniger als 20 Prozent: Die Hauptbetroffenen waren damals in der Gruppe der 14–16-Jährigen zu finden (25 Prozent; vgl. Leest & Schneider 2017). Es deutet sich eine Altersverschiebung nach oben und unten an. Eine Erklärung hierfür bietet die Veränderung der kritischen Lebensphasen. Die Pubertät, in der Konflikte mit sich selbst, aber auch dem schulischen oder elterlichen Umfeld zunehmen, erfährt seit einigen Jahren eine Vorverlagerung. Bei fehlender Unterstützung, emotionaler Vernachlässigung und fehlenden Strategien zur Konfliktbewältigung kann sich dieses Aggressionspotenzial erhöhen. Gleichzeitig steigt die Gefahr, in eine Opferrolle zu geraten, wenn man den Erwartungen der Peergroup nicht entspricht und es an einem stabilen Selbstbild sowie Selbstwertgefühl fehlt. Andererseits haben sich mit dem Abitur nach der 12. Klasse der Übergang in das Erwachsenenleben und die damit verbundenen komplexen Veränderungsprozesse vorverlagert. Prävention sollte sich deshalb intensiv mit der besonderen Situation dieser Kohorten auseinandersetzen und außerordentliche Krisensituationen einbeziehen.

Auch der sozioökonomische Hintergrund spielt insofern eine Rolle, als in geringer qualifizierenden Bildungsgängen vergleichsweise höhere Raten an Cyberviktimisierungen auftreten (Schneider et al., 2013; Leest & Schneider, 2017; Beitzinger et al., 2020; Müller et al., 2016; Scheithauer et al., 2019; Felder-Puig & Teufl, 2020). Negative Einflussfaktoren sind hierbei z. B. eine soziale Randlage, Migrantenstatus oder eine Broken-Home-Situation. Auf der Seite der Täter*innen ist hingegen kein signifikanter Zusammenhang mit sozioökonomischen Faktoren nachweisbar. Allerdings sind Schüler*innen mit Migrationshintergrund häufiger in (Cyber-)Mobbing-Aktivitäten involviert. Besonders eklatant ist der Unterschied zwischen Schüler*innen mit und ohne Migrationshintergrund bei den Täter*innen (Beitzinger et al., 2020). Auch Daten aus Österreich belegen, dass Jungen und Mädchen mit Migrationshintergrund öfter an Cybermobbing beteiligt sind (Felder-Puig & Teufl ,2020). Hier sind möglicherweise Zusammenhänge mit Rollenbildern, Geschlechtsstereotypen und der kulturspezifischen Sozialisation wirksam.

2.4 Genderbezogene Unterschiede

Nicht ganz eindeutig sind die Befunde zum Einfluss des Geschlechts hinsichtlich einer Täterschaft bzw. Viktimisierung (Katzer & Fetchenhauer, 2007; Floros et al., 2013), obwohl vielfach die stärkere Betroffenheit von Mädchen angenommen wird (Foody et al., 2019; Heiman & Olenik-Shemesh, 2015; Låftman et al., 2013; Smith et al., 2019). Möglicherweise werden Mädchen statistisch häufiger viktimisiert, weil Jungen seltener bereit sind, sich selbst als Betroffene zu bezeichnen. Einige Studien weisen darauf hin, dass Jungen häufiger als Cybermobber auftreten (Hinduja & Patchin, 2008, 2015; Katzer & Fetchenhauer, 2007; Porsch & Pieschel, 2014). Dabei werden sie eher von anderen Jungen mit digitalen Medien drangsaliert, Mädchen hingegen gleichermaßen von beiden Geschlechtern (z. B. Hinduja & Patchin, 2015).

2.4 Genderbezogene Unterschiede

Im konkreten Cybermobbingverhalten zeigen sich klare Unterschiede zwischen Mädchen und Jungen (s. auch Underwood & Rosen, 2010). So werden Beleidigungen, Verleumdungen und Lügen eher von Mädchen verbreitet (Anderson, 2018). Mädchen geben zudem häufiger als Jungen an, Opfer manipulierter Profile zu sein. Jungen drohen eher mit »Abziehen« d. h. Geld oder Gegenstände stehlen, körperlicher Aggression, und sie verwenden häufiger manipuliertes oder peinliches Foto- und Videomaterial (Leest & Schneider, 2017; Beitzinger et al., 2020).

Cybermobbing in Form des Ausgrenzens oder Ausschließens aus einer Gruppe (auch »Blockieren«) in sozialen Netzwerken wird von beiden Geschlechtern gleichermaßen ausgeübt (Beitzinger et al., 2020). Hier zeigen sich möglicherweise auch Auswirkungen der Corona-Krise. Der soziale Faktor »Affiliation« (Anschlussmotiv) leidet aufgrund der Schutzmaßnahmen stark, so dass der Zugehörigkeit zu einer Gruppe eine noch größere Bedeutung beigemessen wird. Besonders schaden kann man anderen insofern, wenn man ihnen die Gruppenzugehörigkeit verweigert.

Auch in der Bewältigung von Cybermobbing liegen Geschlechtsunterschiede vor. Jungen wenden eher aktive Strategien an (Sittichai & Smith, 2018). Allerdings erzählen sie anderen seltener ihre Erlebnisse (Daneback et al., 2018). Mädchen wiederum reagieren zurückhaltender, verdrängen häufiger, versuchen, die Angriffe zu ignorieren oder blockieren ihre »Peiniger«. Bei Mädchen könnten Schamgefühle eine Rolle spielen, die einen aktiven Umgang verhindern (vgl. Sittichai & Smith, 2018; Hinduja & Patchin, 2019), was allerdings zu einem starken psychischen Druck führen kann.

Prävention und Intervention sollten also spezifische Angebote z. B. für Mädchen einplanen. Hierzu gehört eine niederschwellige Beratungsoption an Schulen, besetzt u. a. mit weiblichen Peers, wie beispielsweise in Form einer Erste-Hilfe-Hotline per Mail oder Chat.

2.5 Risiko- und Schutzfaktoren bezüglich Täterschaft

Die Entstehungsbedingungen und Hintergründe für Cybermobbing sind vielfältig. Bei den Cybermobber*innen scheint ein Zusammenhang mit Merkmalen wie geringem Selbstwertgefühl, fehlender Selbst- und Impulskontrolle sowie reduzierter Konfliktfähigkeit und sozialer Kompetenz vorzuliegen (Brewer & Kerslake, 2015; Katzer & Fetchenhauer, 2007). Gleichzeitig zeigen sie häufiger antisoziales und delinquentes Verhalten sowie extreme Internetnutzung wie z. B. Porno- und Gewaltkonsum, Substanzmissbrauch sowie schulisches Problemverhalten, wie u. a. Absentismus (Katzer & Fetchenhauer, 2007). Täter*innen weisen eine ausgeprägtere Gewaltbefürwortung auf, nicht selten verbunden mit emotionalen Problemen wie Ängsten und Frustration (Bushman et al., 2005; Zsila et al., 2019; Hinduja &d Patchin, 2008, 2010, 2019; Kowalski & Limber, 2013; Patchin & Hinduja, 2010; Wang et al., 2009).

Die psychologischen Auswirkungen einer extremen Nutzung des Internets mit seinen spezifischen Möglichkeiten spielen allerdings ebenfalls eine bedeutsame Rolle in der Entstehung von Cybermobbing. Durch die vor dem Bildschirm entstehende Abtrennung einer Handlung im virtuellen Raum und physischen Präsenz eines möglichen Opfers, entsteht eine emotionale Distanz zwischen Täter*innen und den Opfern. Die Auswirkungen bei den Opfern werden dabei nicht adäquat wahrgenommen und Empathie wird weniger intensiv empfunden. Dadurch werden sogenannte Disinhibitionseffekte wirksam (Katzer, 2018, 2019), d. h. die Hemmschwellen sinken. Auch die Fähigkeit zur angemessenen Selbstkontrolle kann so verloren gehen, moralische und soziale Standards werden stärker verdrängt (s. De-Individuation, Hinduja, 2008). Das digitale Umfeld erweist sich insofern als »geeigneter« Tatort für virtuelle Gewaltphänomene und als Treiber dissozialer Verhaltensformen.

Ein wichtiges Motiv für Cybermobbing scheint das Ziel zu sein, sich sozial durchzusetzen und zu behaupten. Die selbstermächtigende

2.5 Risiko- und Schutzfaktoren bezüglich Täterschaft

Aussage »der/die hat es verdient« ist hier ein wesentliches Argument der Täter*innen; aggressives Verhalten wird auf diese Weise als adäquates Mittel angesehen (s. auch Beitzinger et al., 2020). Im Hintergrund findet teilweise eine Trophäenjagd statt, z. B. »wer das peinlichste Foto eine*r Mitschüler*in hat«. Online wird vielfach ausprobiert, wie man durch dieses Verhalten bei anderen ankommt, denn die Suche nach Aufmerksamkeit und Anerkennung ist wichtig, wenn ein Beitrag in Sekundenschnelle über einen Klick mit »Daumen hoch« oder »gefällt mir« bewertet werden kann. Je mehr Menschen das Verhalten der Cybermobber*innen gut finden, d. h. liken oder weiterversenden, desto mehr spornt dies an weiterzumachen. Andere nehmen sich den »Erfolg« zum Vorbild, denn auch sie wollen bewundert werden oder gefürchtet sein.

In einigen Fällen ist Cybermobbing auch die Konsequenz von Rachegefühlen oder des Wunsches, sich zu wehren – etwas, das »analog« nicht so einfach ausgelebt werden kann (Katzer, 2013): So hat ein Drittel der Täter*innen bereits selbst Opfererfahrungen gemacht (Beitzinger et al., 2020). Unter den Täter*innen an Gesamtschulen ist dieses Motiv der Ausübung von Rache besonders stark verbreitet (s. Beitzinger et al., 2020).

Um zu verhindern, dass sich Cybermobbing als Strategie festigt, gilt es, Schutzfaktoren zu stärken, die eine solche Täterschaft verhindern. Dazu zählt die Vermittlung sozialer Kompetenzen wie Team-, Kontakt- und Kommunikationsfähigkeit und Strategien einer gewaltfreien Konfliktbewältigung. Dies ist auch für die Online-Kommunikation wichtig, um einer Entstehung und Vermeidung von Missverständnissen vorzubeugen. Kinder und Jugendliche müssen für ein offenes Miteinander und auch zur Auseinandersetzung mit anderen präventiv befähigt werden. Ein weiterer Schutzfaktor, der Mobbingverhalten eindämmen kann, ist die Stärkung von Impulskontrolle. Zudem gelten Isolation als Risikofaktor bzw. positive soziale Beziehungen als Schutzfaktor. Wenn Jugendliche in ein Beziehungsnetzwerk eingebunden sind, so hat dies einen starken Einfluss auf das Gewaltpotenzial von Kindern und Jugendlichen. Wird Gewalt vom sozialen Umfeld (s. Eltern, Geschwister, Freunde, Clique, Mitschüler usw.) abgelehnt, so wird ein Jugendlicher bei aggressivem, gewalttätigem Verhalten von seinem sozialen Beziehungsnetzwerk stärker sanktioniert. Besonders im schulischen Umfeld sollte deshalb für ein gewaltfreies Miteinander gesorgt werden, aber auch dafür, dass über diese Problematik diskutiert und reflektiert wird.

2.6 Risiko- und Schutzfaktoren bezüglich Viktimisierung

Zu den Risikofaktoren, die eine Viktimisierung begünstigen, gehören eine geringe oder fehlende Integration in die soziale Gruppe und ein geringes Selbstwertgefühl, bezogen auf verschiedene Kompetenzen wie Schulerfolg oder Aussehen. Besondere Merkmale, Einschränkungen oder Behinderungen erhöhen zudem die Wahrscheinlichkeit der Viktimisierung (s. Kowalski und Toth, 2018).

Dysfunktionales Handeln und Kommunizieren gegenüber anderen kann zusätzlich Cybermobbing begünstigen, wie z. B. das offene Reden in sozialen Netzwerken über Probleme und Sorgen. Nicht selten ist diese digitale Offenheit, auch wenn sie auf Gruppen begrenzt ist, auch die Folge emotionaler Belastungen. Besonders in der Pubertät suchen Jugendliche Halt und Hilfestellung bei Gleichaltrigen und immer mehr bei Freunden aus dem Netz. Wissen über Probleme und Sorgen kann in die falschen Hände geraten und für Cybermobbing genutzt werden. Ein wirksamer Faktor hierbei ist das familiäre Umfeld, denn ein belastetes Familienklima, in dem sich Kinder oder Jugendliche den Eltern nicht anvertrauen können, fördert die Suche nach Rat in einem anderen Kontext und immer stärker auch im virtuellen Raum. Die familiäre Sozialisation kann daher negativ Einfluss nehmen, wenn Konfliktbewältigung dort nicht geübt wurde und Überbehütung zu Unsicherheiten in der sozialen Kommunikation mit Gleichaltrigen und sozialem Rückzugsverhalten führt.

Es zeigt sich außerdem ein Zusammenhang zwischen erlebter Viktimisierung und eigener Täterschaft. Rund 13 Prozent der Opfer von Cybermobbingattacken treten auch als Täter*innen auf (Beitzinger et al., 2020). Diese Ergebnisse lassen zwei Schlüsse zu: Zum einen werden Opfer von Mobbingattacken online zu Täter*innen, um sich zu wehren. Zum anderen können auch Täter*innen durch Racheaktionen selbst zu Opfern werden. Die Opferrolle kann somit die Ursache wie auch die Folge von Cybermobbing Attacken sein – ein offensichtlich zirkulärer Zusammenhang.

Zusammenfassend lässt sich sagen, dass zum Schutz vor einer Viktimisierung die dargestellten Risikofaktoren minimiert und die individuelle Resilienz gefördert werden sollten. Hierzu zählen

- die Stärkung der erlebten Selbstwirksamkeit, d. h. Zutrauen in eigene Fähigkeiten,
- das Gefühl der Lösbarkeit von Aufgaben und
- die Vermittlung von Zuversicht, dass Probleme überwindbar sind.

Dabei sind Verhaltensweisen zu vermeiden, die Kinder und Jugendliche in eine »Opferrolle« drängen, die dann häufig internalisiert wird. Das soziale Interagieren und Kommunizieren sowie ein respektvolles Lernklima und die Förderung positiver konstruktiver Peer-Kontakte sind von weitreichender Bedeutung. Partizipation und Verantwortungsübernahme stärken die erlebte Selbstwirksamkeit, z. B. über die Einbindung in präventive Arbeit.

2.7 Krisen als Risikofaktor

Weitere Aspekte der Cybermobbingproblematik sind Auswirkungen besonderer Krisensituationen wie der Corona-Pandemie. Der Dauerkrisenmodus, Home-Schooling und Homeoffice haben den psychischen Druck auf Kinder und Jugendliche deutlich erhöht (Ravens-

Sieberer et al., 2021). Fehlende soziale Lernräume und Sozialkontakte sowie die veränderte familiäre Situation fördern das Konfliktpotenzial innerhalb der Familie und im Freundeskreis: Freundschaften werden stärker infrage gestellt, die Zufriedenheit mit Freunden sinkt (Baier, 2020). Hinzu kommen Einsamkeit und Zukunftsängste, Depressionen, chronischer Stress, Zwangs- und Essstörungen, Aggressivität oder Hyperaktivität (Baier, 2020). Während der Coronakrise kam es zu einer Verdopplung der Notbetreuung und zu einer Verdreifachung von Beratungsangeboten (s. Pro Juventute, 2021a, b). Hinzu kommt eine Verschärfung der Bildungsnotlage, besonders für Kinder und Jugendliche aus Familien mit sozioökonomischer Benachteiligung. Corona wirkte hier als Brandbeschleuniger: Das gesamtgesellschaftliche Aggressionspotenzial erhöhte sich, die Folge sind steigende Gewaltphänomene wie häusliche Gewalt, Cybergrooming und Cybermobbing (z. B. Beitzinger et al., 2020; Bernath et al., 2020).

2.8 Auswirkungen für die Betroffenen von Cybermobbing

Die Opfersituation im Cyberspace unterscheidet sich vor allem in drei Aspekten prägnant von der Opfersituation im alltäglichen Umfeld: Zum einen handelt es sich bei der Opfersituation im Cyberspace um eine Art Endlosviktimisierung, d. h. Gemeinheiten und Verletzungen bleiben meist dauerhaft im Netz erhalten (Katzer, 2011a, 2013). Selbst wenn Beleidigungen, Fotos oder Videos gelöscht werden, können sie sich (z. B. als Screenshots) weiter auf Festplatten oder Smartphones befinden und zu späteren Zeitpunkten wieder veröffentlicht werden. Zusätzlich erleben Betroffene eine extreme Öffentlichkeit der Viktimisierung, denn Hunderttausende in sozialen Netzwerken können theoretisch nachverfolgen, was mit einem Opfer passiert ist. Für Cyberopfer existiert kein Schutzraum, denn die Täter*innen dringen via Smartphone direkt ins Kinderzimmer ein. Das kann verschiedene psychische Folgen haben (Kaiser et al., 2020; Katzer & Fetchenhauer, 2007; Schneider et al., 2012; Ortega et al., 2012): So fühlen sich manche Betroffene durch die Attacken verletzt, viele empfinden Wut und rund die Hälfte fühlt sich verängstigt (s. Beitzinger et al., 2020). Jede*r Dritte ist dauerhaft belastet und leidet nach langer Zeit noch unter dieser Belastung (s. auch Bushman et al., 2005; Katzer & Fetchenhauer, 2007; Ybarra et al., 2006). Besonders Mädchen empfinden oft Ängste und fühlen sich extrem verletzt.

Schüler*innen an Gesamtschulen berichten seltener von Wutgefühlen als Betroffene anderer Schulformen, obwohl diese von Cybermobbing besonders häufig betroffen sind (Beitzinger et al., 2020). Dieser paradoxe psychologische Effekt könnte mit einer Habituation und einer daraus resultierenden Resignation zusammenhängen, denn die Prävalenzen an dieser Schulform sind vergleichsweise hoch.

Die schädlichen emotionalen Reize bewirken persönliche Veränderungen, z. B. in Form eines zunehmend negativen Selbstbilds und Internalisierens der erlebten Opferrolle, die nicht selten jahrelang beibehalten wird. Immer wiederkehrende Mobbingattacken im Verlauf der Schulzeit festigen die Selbstwahrnehmung als Opfer. Ist dieses Opfererleben einmal vorhanden, bleiben rund 20 Prozent in ihrer weiteren Schulbiografie Opfer von Mobbingattacken (Schäfer & Herpell, 2010). Dadurch verändert sich die persönliche Handlungsfähigkeit und der Umgang mit anderen in schwierigen Situationen wird vermieden. Diese Entwicklungen können nachhaltige Auswirkungen auf den späteren Werdegang im beruflichen wie privaten Umfeld, auf Freundschaften sowie Partnerschaften haben. Während noch vor ein paar Jahren jede*r Fünfte von Cybermobbing betroffene Jugendliche Suizidgedanken äußerte, ist es mittlerweile jede*r Vierte (Beitzinger et al., 2020; auch Hinduja & Patchin, 2010). Auch der Substanz-, Alkohol- und Tablettenmissbrauch stieg in den letzten Jahren erheblich (vgl. Leest und Schneider, 2017; Beitzinger et al., 2020).

2.9 Die Situation der Täter*innen

Auch eine Täterschaft zeigt verschiedene Auswirkungen auf emotionale und kognitive Prozesse: Die eigene Wahrnehmung wird durch das distanzierte Handeln vom Touchscreen oder Bildschirm aus verändert. Die Täter*innen entwickeln kein Gefühl für ihr eigenes unmoralisches Verhalten, das sie im Netz ausüben (Katzer, 2013, 2016a, b, 2018, 2020):

> »Mir war nicht klar, dass ich mich strafbar mache, wenn ich ein peinliches Foto, das ich mit meinem Handy von meinem Freund aufgenommen habe, im Internet einfach hochlade – in der Schule an das schwarze Brett würde ich das aber nicht machen« (O-Ton Michael, 14 Jahre, aus Düsseldorf, Katzer, 2017).

Das physische Nicht-Miterleben-Können der Opferreaktionen reduziert die Fähigkeit, Mitgefühl zu empfinden, da die »digitale Empathie« fehlt (s. Katzer, 2016, 2018, 2019). Eine dauerhafte emotionale Distanz zwischen Täter*innen und Opfern entsteht, wodurch die Hemmschwelle sinkt: »*Man kann im Internet leicht andere fertigmachen, irgendwie spürt man das ja nicht*«, so Jan, 15-jähriger Schüler aus München (Katzer, 2017). Parallel wird ein virtueller Voyeurismus gefördert. Der Reiz, bei etwas Verbotenem oder Kriminellem zuzuschauen, ist in der Pubertät oft groß, ein Beobachter wird so schnell zur/zum Mittäter*in oder Dulder*in der Tat:

> »Irgendwie tat mir mein Mitschüler leid, aber ich wusste nicht, was ich tun sollte, und ich war froh, dass ich nicht das Opfer war, so habe ich halt nix gemacht« (Tom, 15-jähriger Schüler aus Köln, Katzer, 2017).

Zunehmend verschieben sich auf diese Weise die Gewaltgrenzen, beispielsweise, wenn reales Verprügeln auf dem Schulhof stattfindet oder ein Mädchen auf der Schultoilette sexuell misshandelt, dies gefilmt und im Internet veröffentlicht wird. Die Trennung von realer und virtueller Gewaltwahrnehmung löst sich also zunehmend auf (Wiegerling, 2011). Schließlich entwickeln sich bestimmte Formen von aggressivem Verhalten immer häufiger zur Normalität in der Internetkommunikation der Jugendlichen. Andere im Cyberspace regelmäßig zu ärgern, beleidigen, beschimpfen oder beim Chatten zu stören, wird bagatellisiert und nicht mehr als auffällig oder problematisch empfunden (Katzer, 2016b, 2018). Die Folge ist ein schleichender »Entmoralisierungsprozess« (Sulkowska-Janowska 2011), ein Abstumpfen gegenüber brutalen Handlungen und Bildern, die Grausamkeiten an Menschen zeigen.

Die Gefahr ist also, dass Cybermobbing ein Vorläufer für reales Verhalten wird und später der Einsatz von Gewalt ungehemmter erfolgt. Dies zeigt sich in einer Veränderung der Sichtweise der Täter*innen hin zu einer stärkeren Akzeptanz von Gewalt. Cybermobbing wird schließlich einerseits als Weg zur Konfliktbewältigung gesehen und als eine Rechtfertigung für physische Gewalt herangezogen. Dies stützen die Beobachtungen, die Lehrkräfte seit Jahren an ihren Schulen machen: Erstens hat sich die Gewalt unter Jugendlichen verändert und zweitens fördern digitale Medien Aggression und Gewalt (Beitzinger et al., 2020; Katzer, 2016a; Schneider et al., 2013).

Wenn aggressive Verhaltensmuster wie Cybermobbing das moralische Mindset verändern, dann rückt der Einfluss der »Peers aus dem Netz«, mit denen die Jugendlichen einen Großteil ihrer Online-Freizeit verbringen, in der Vermittlung einer aggressiven, delinquenten Jugendkultur stärker in den Fokus (Katzer, 2016a, b; Weller, 2012). Vieles spricht dafür, dass Aggression und Gewalt online ausprobiert und erlernt werden, um dann in das wahre Leben übertragen zu werden. Pädagog*innen müssen sich zukünftig mit dem Internet als Sozialisationsmedium befassen, in dem gelebt und gelernt wird, was die Persönlichkeitsentwicklung und das nachfolgende Verhalten tangiert.

Im Erwachsenenleben zeigen sich die Langzeitfolgen für die Täter*innen von Mobbing- und Cybermobbingverhalten häufig in einem ungünstigen Sozialverhalten, einer positiven Gewalteinstellung sowie in Problemen im Beruf und der sozialen Integration (s. auch Bradshaw et al., 2013; Schäfer & Herpell, 2010). Aus diesem Grund müssen auffällige Kinder frühzeitig identifiziert werden, um rechtzeitig einzugreifen, bevor sich dysfunktionale und aggressive Verhaltensmuster verfestigen, da diese eine hohe Stabilität aufweisen

(s. Bradshaw et al., 2013; Hochmuth & Pickel, 2009; Petermann & Petermann, 2014). Im schulischen Umfeld sollten hierzu Verfahren zur Erkennung von Risikogruppen und Verhaltensauffälligkeiten verfügbar gestellt und eingesetzt werden, wie z. B. die »student risk screening scale« (SRSS) (Drummond, 1993) oder der »strengths and difficulties questionnaire« (SDQ) (Goodman, 1997).

3

Pädagogisches Handeln bei Cybermobbing

Im folgenden Abschnitt werden wesentliche Aspekte pädagogischen Handelns in Zusammenhang mit Cybermobbing dargestellt. Fundamental wichtig ist hierbei schulische Prävention; die schulische Konzeptentwicklung und Implementierung pädagogischer Prävention auf verschiedenen Ebenen wird im ersten Teil beschrieben. Im Anschluss werden Prinzipien pädagogischer Intervention im Fall akut auftretender Cybermobbingfälle erläutert, die zu einem späteren Zeitpunkt in den drei Fallvignetten angewandt und diskutiert werden.

3.1 Bedeutung pädagogischer Prävention

Schulische Institutionen müssen sich in vielfacher Hinsicht den Herausforderungen im Umgang mit digitaler Gewalt stellen. Sie sind die Orte, an denen Kinder und Jugendliche die meiste Zeit miteinander verbringen, und digitale Gewaltformen sind unmittelbar mit Schulen verbunden bzw. treten dort auf, wie z. B. auf Schulhöfen, in Umkleiden, Turnhallen etc. Als sozialer Lernort sind Schulen ein einflussreiches Umfeld für Präventions- und Interventionsmaßnahmen, da hier alle beteiligten Personen physisch zusammentreffen.

In der ersten länderübergreifenden Trendstudie aus dem Jahr 2016 haben sich international führende Wissenschaftler*innen aus Großbritannien, Italien, den Niederlanden, Norwegen, Polen, Spanien und den USA mit den neuen Herausforderungen durch Cybermobbing für die Bereiche Bildung und Politik befasst (Katzer, 2016a). Sie forderten zur Bekämpfung des Phänomens den ganzheitlichen Ansatz eines Präventionsmanagements, der an allen Schulen bereits im Grundschulalter mit flächendeckenden neuen Strukturen wie Ausbildungs- und Hilfesystemen implementiert werden sollte. Die Einführung eines umfassenden und verpflichtenden Präventionsmanagements für Schüler*innen, Lehrer*innen, Direktorium und Eltern ist wirksam, wie die sinkenden Prävalenzraten und insgesamt positiven Entwicklungen seit einer schulischen Verpflichtung zur Prävention z. B. in den Niederlanden zeigen.

Der ganzheitliche Ansatz eines adäquaten Präventionsmanagements vereint altersgerechte Strukturen, Konzepte und Lerninhalte mit besonderen Angeboten für Grundschulen, weiterführende Schulen und Berufsschulen. Diese präventiven Anstrengungen müssen in enger Beziehung zur allgemeinen Medienbildung an Schulen stehen. Schulische Medienbildung und Präventionsarbeit sind integrativ miteinander zu verbinden und im Schulcurriculum obligatorisch zu verankern. Hierzu sollte Medienbildung die Möglichkeiten der gewinnbringenden Nutzung und einen kritischen Umgang mit neuen digitalen Anwendungen und digitalen Werkzeugen einbeziehen.

Kontinuierliche Medienbildung kann wie z. B. in der Schweiz in Form eines eigenen Lehrfaches »Medienerziehung (Medien und Informatik)« geschehen. Dies hat den Vorteil, dass es nicht zu Unklarheiten in der Verantwortung für die inhaltliche Ausgestaltung kommen kann. Die Forderungen nach einem Schulfach »Digitale Bildung«, als Kombination aus Informatik/Technologie einerseits und cyberpsychologischen/digital gesellschaftspolitischen Inhalten andererseits, äußerten auch die Expert*innen der Digital Risks Study 2016. Bestehende Schulfächer, wie z. B. das Fach Ethik, eignen sich ebenso für eine solche integrative Medienerziehung (Hess et al., 2020).

3.2 Bestandteile präventiven Handelns

Ein nachhaltiges Präventionsmanagement legt den Fokus in den Bereichen Resilienz und Opferschutz, so dass niemand Täter*in oder Opfer wird. Hierzu werden umfangreiche Ausbildungs- und Beratungsstrukturen mit expliziten Inhalten für Lehrkräfte und Schüler*innen erforderlich sein. Im Wesentlichen sollte dieses Präventionsmanagement auf diesen vier Säulen aufbauen:

3.2.1 Medienerziehung

Eine im Curriculum implementierte *Medienerziehung* für Schüler*innen, Lehrer*innen und Eltern. Regelmäßige Wissensvermittlung z. B. über

- die aktuelle Gesetzeslage,
- Fortbildungsangebote oder Online-Hilfeportale zur Beratung von Cybermobbingvorfällen und anderen digitalen Problemen,
- sowie neue Anwendungen, Tools und mediale Trends, Nutzen und Risiken z. B. in Kooperation mit verschiedenen Schulfächern

- in Form von Informationsabenden, Workshops, Fortbildungen, Newslettern, Hinweisen in der Schule und über digitale schuleigene Portale (z. B. Webseite, Chatportal oder Schulsoftware wie Edupage).

Das Interesse und Engagement z. B. der Eltern kann durch Peer-to-Parent-Education (»Jugendliche klären Eltern auf«) deutlich verbessert werden. Regionale Schulnetzwerke auch über Online-Plattformen und Diskussionsforen ermöglichen einen schulübergreifenden Austausch über den Umgang, eigene Erfahrungen und eingesetzte Konzepte.

Auch längerfristig angelegte Projekte, z. B. zu Medienbildung, Informatik und Prävention, an denen Schüler*innen von der Idee bis zur Umsetzung maßgeblich beteiligt sind, können in den schulischen Ablauf integriert werden (über Schulradio in Pausen, YouTube-Kanal, Videos für die Fortbildung etc.). Vorteilhaft hierzu wäre eine für alle Schulen abrufbare Präventionsplattform mit evaluierten Präventionskonzepten als Best-Practice-Beispiele wie z. B. KiVa (Universität Turku) oder Medienhelden (Scheithauer, FU Berlin, auch Glüer, 2021). Insgesamt sollten ausschließlich empirisch fundierte Wege der Prävention genutzt werden (s. auch best practice Norwegen: Telenor's Initiative »Be Smart, Use Heart«- digitales interaktives Schulprogramm 2019 https://www.telenor.com/sustainability/digital-inclusion-and-diversity/building-skills-for-an-accelerated-digital-future/be-smart-use-heart/; deutsche App gegen Mobbing und Hilfe in Krisen für Schulen Exclamo https://www.exclamo.org/).

3.2.2 Gewaltprävention

Gewaltprävention an Schulen sollte *verpflichtend* sein und mit *Medienerziehung* verbunden werden. Dabei müssen Lerninhalte vermittelt werden, die die Aspekte *Resilienz* und *Opferschutz* im Fokus haben. Dazu gehören digitale Skills, sozio-emotionale Fähigkeiten (z. B. emotionale Stabilität, Gewissenhaftigkeit, Vertrauen) und Selbstreflexion des eigenen Online-Verhaltens. Kinder und Jugendliche müssen digitale Empathie entwickeln, damit sie verstehen, was Cybermobbbing bei Betroffenen auslösen kann. Self-Awareness zu schulen, d. h. die eigene Sensibilität hierfür zu erhöhen, ist ein wichtiger Bestandteil hiervon.

Ein weiterer Schutzfaktor, der einer potenziellen Täterschaft entgegenwirkt, ist die Stärkung der Impulskontrolle. Ist sie beeinträchtigt, gelingt es weniger gut, das eigene Verhalten angemessen zu steuern oder Aktionen abzuwägen. Emotionale Spannungen führen so schneller zu einer unmittelbaren Handlung, worauf sich ein Gefühl der Erleichterung einstellt. Um diese Impulsivität zu verringern und die fehlende Selbstkontrolle aufzubauen, spielen Kompetenzen wie Team- und Kommunikationsfähigkeit, Strategien einer gewaltfreien Konfliktbewältigung und ein digitales Stressmanagement eine wichtige Rolle.

Das Programm FAUSTLOS (https://www.h-p-z.de/; Schick & Cierpka, 2005) vermittelt Kindern im Gruppen oder Klassenverband über einen längeren Zeitraum prosoziales Verhalten über soziale Vorbilder, positive Erfahrung und angemessene Verstärkung. Es eignet sich als ein fest in das Schulcurriculum aufzunehmendes Modul. Ziel des Trainings ist es, impulsives und aggressives Verhalten von Kindern zu verringern und ihre sozialen Kompetenzen zu stärken. Dabei werden Schwierigkeiten in der sozial-emotionalen Entwicklung wie z. B. fehlende Empathiefähigkeit, Impulskontrolle sowie der Umgang mit Ärger und Wut bearbeitet. Die Bewältigung von heftigen Gefühlen wird trainiert, damit Kinder und Jugendliche nicht auf Gewalt als Mittel zur Durchsetzung ihrer Interessen zurückgreifen. Sie lernen, selbständig kooperative Lösungsstrategien zu entwickeln, um sich in alltäglichen Problemsituationen sozial angemessen zu verhalten. Die Effektivität des englischsprachigen Original-Curriculums SECOND STEP wurde erstmals 1988 untersucht (vgl. Beland, 1988, 1991). Die Ergebnisse zeigten, dass Kinder, die mit SECOND STEP unterrichtet wurden, sich empathischer verhielten und bessere Problemlösefähigkeiten zeigten als Kinder, die nicht am Programm teilgenommen hatten (vgl. auch Frey et al., 2000).

Gerade so genannte Bystander, also Unbeteiligte, die aber mitbekommen, was passiert, z. B. Mitschüler*innen, Facebook-Chatgruppen etc., können präventiv ein starkes Zeichen gegen die Täter*innen setzen, wenn sie öffentlich als Gruppe auftreten (s. Barlinska et al., 2013; Bastiaensens et al., 2014; Pfetsch, 2011, 2016). Indem sie sich offen vor Publikum für ein gewaltfreies Miteinander einsetzen, spielen sie bei Intervention und Verhinderung einer Eskalation eine entscheidende Rolle. Oft kann ein gemeinsames, öffentlich sichtbares Signal gegenüber den Betroffenen genügen, wie z. B. »wir sind da« – als Kommentar oder Angebot zum Chatten. Dies macht Mut, aktiv gegen das Erlebte vorzugehen und zeigt den Täter*innen, dass das Opfer nicht alleine steht.

3.2.3 Ausbildungs- und Beratungsstrukturen

Angepasste *Ausbildungs- und Beratungsstrukturen* müssen in der schulischen Organisation zumeist neu implementiert werden. Zunächst sollte sich hierzu eine schulische ggf. kommunal organisierte Netzwerkgruppe mit den wichtigen digitalen Themen befassen, z. B. um Forschungserkenntnisse nutzen zu können. Der Zugriff auf ein Beratungsportal für Lehrkräfte ermöglicht, dass diese Informationen verfügbar sind und ein Austausch zu digitalen Themen bzw. auftretenden Schwierigkeiten erreicht wird. Allgemein wünschenswert wäre zudem, wenn ergänzend ein Wissens- und Forschungsnetzwerk zwischen Praxis (Schulen) und Forschung aufgebaut werden könnte. Gute Beispiele hierfür sind die »Entwicklung eines fachdidaktischen Umgangs mit künstlicher Intelligenz und Datenbewusstsein für weiterführende Schulen« durch Prof. Carsten Schulte, Universität Paderborn, und die »Piks Gewaltprävention« an der Universität Marburg. Solche Kooperationen unterstützen die Entwicklung und Evaluation neuer Konzepte und beschleunigen die Implementierung.

Des Weiteren könnten Jugendliche als Mentor*innen schulübergreifend tätig sein z. B. durch eine Zusammenarbeit weiterführender Schulen mit Grundschulen. Persönliche digitale Ansprechpartner*innen für jede Klasse und ein digitales Erste Hilfe-System mit

Jugendlichen sollten zur Kontaktaufnahme und Erstberatung bereitstehen (▶ Kap. 6.3.1). Die Einbindung der Schüler*innen basiert auf dem Ziel, Verantwortungsgefühl und ein positives Selbstbild auch bei den Tutor*innen zu fördern und die Akzeptanz des dargestellten Präventionsangebots zu stärken.

3.3 Präventionsmanagement an Schulen

Wie seitens der Schulleitung und des Kollegiums an einer Schule Schritt für Schritt das skizzierte Präventionsmanagement umgesetzt werden kann, wird nachfolgend dargestellt. Es verbindet die Themen Gewalt, Cybermobbing und neue Medien.

3.3.1 Erhebung zu Cybermobbing innerhalb der Schule

Um erfolgversprechende Maßnahmen an einer Schule etablieren zu können, ist das Wissen um den Status Quo der aktuellen Cybermobbingsituation von entscheidender Bedeutung und hat zahlreiche Vorteile: Es bietet eine breite Informationsbasis für die Schulleitung und das Lehrkräftekollegium. Die Erfahrung zeigt, dass erst, wenn die aktuelle Problemlage an der Schule tatsächlich bekannt ist, wirksam reagiert werden kann. Dazu gehören Informationen über Art und Anzahl der Vorfälle und Gewaltformen, die Gewaltsituation und spezifische Gefahrenstellen. Dabei ist ebenso relevant, in welchem Stadtteil die Schule liegt, wie groß die Klassen sind, wie die Altersstruktur der Klasse ist oder auch das Ausmaß der Involvierung der Eltern. Die sozialen Voraussetzungen erfordern ein differenziertes Vorgehen gegen Gewalt, Mobbing und Cybermobbing, d. h. die Arbeit als Lehrkraft in einem sozialen Brennpunkt erfordert möglicherweise die Auseinandersetzung mit einem höheren Gewaltpotenzial. Nicht selten lernen Jungen, dass Gewalt oder Gewaltandrohung dazu genutzt werden können, um Macht, Stärke und Durchsetzungsvermögen zu demonstrieren (s. Mansour, 2021).

Die Status-quo-Ergebnisse bilden die Grundlage für die Schüler*innenarbeit und Lehrer*innenfortbildung zum Thema Cybermobbing sowie den Umgang mit der Thematik an der Schule insgesamt. Für die Ermittlung der aktuellen Situation der Schule in Bezug auf Cybermobbing können verschiedene Methoden eingesetzt werden: Zum einen bietet sich eine Befragung aller Schüler*innen an, die in der Schule durchgeführt wird. Mögliche Themen für eine Erhebung zu den situativen Gegebenheiten von Cybermobbing an der jeweiligen Schule werden hier zusammengefasst (als Leitfäden für Befragungen der unterschiedlichen Akteure einschließlich der Eltern: Cybermobbingreport für Schüler, Lehrer und Eltern, siehe Anhang):

- Wie stark ist Cybermobbing ein Problem? Warum?
- Was passiert an meiner Schule (Welche Formen Cybermobbing treten auf, auch in Verbindung mit anderen Gewaltformen)?
- Wo sind an meiner Schule Gefahrenstellen für Gewalt, Mobbing und Cybermobbing (Schulhof, PC-Raum, Sportunterricht etc.)? Wie könnte man das verändern?
- Welche Jahrgangsstufen und Klassen sind besonders involviert?
- Wer ist daran beteiligt, gibt es ein Risikopotenzial bei bestimmten Jugendlichen, zu Täter*innen oder zu Opfern zu werden?
- Gibt es geschlechtsspezifische und kulturell abhängige Taten?
- Haben Schüler und Schülerinnen speziell bei der Nutzung von WhatsApp, Youtube, Snapchat etc. Angst vor Cybermobbing?
- Welche Folgen hat es für die Betroffenen?
- Was wollen wir gegen Cybermobbing tun? Welche Hilfe/Beratung brauchen wir?
- Welche Wünsche/Erwartungen der Unterstützung und Hilfe haben Schüler und Schülerinnen?

Eine weitere bewährte Möglichkeit der Befragung sind sogenannte Fokusgruppen. Bei dieser Methode handelt es sich um die moderierte Diskussion einer Gruppe von Personen. Anhand eines zuvor festgelegten Leitfadens findet ein Austausch sowie eine Konfrontation mit unterschiedlichen Wahrnehmungen, Einstellungen und auch Lösungsansätzen zu einer Aufgabe oder Thematik statt. Am Beginn kann z. B. die Schilderung einer typischen Cybermobbingsituation stehen (siehe Anhang: Diskussionsleitfaden für den Einsatz von Fokusgruppen). In der Gruppe wird eine intensive Auseinandersetzung mit der Situation gefördert, bei der auch emotionale Aspekte angesprochen werden. Die Obergrenze einer Fokusgruppe sollte die Größe von 10 Personen nicht überschreiten, ebenso ist eine maximale Dauer von 2–2,5 Stunden einzuhalten. Wichtig sind die Passung der Moderator*in und der Gruppenteilnehmer*innen. Die Teilnehmer*innen sollten aus unterschiedlichen Klassen stammen, die sich nicht gut kennen, damit keine zu großen Hemmschwellen wie z. B. Schamgefühle in der Diskussion entstehen. Dabei sollte im Vorfeld, bei der Entwicklung des Diskussionsleitfadens, eine Gruppe von Schüler*innen direkt eingebunden werden. Dies kann auch eine Klasse oder ein Oberstufenkurs sein. Das Involvieren der Schüler*innen erhöht das generelle Interesse und macht die Wichtigkeit der Thematik bewusst (vgl. Katzer, 2013).

3.3.2 Fortbildung für Lehrkräfte

Um pädagogische Handlungsmöglichkeiten erarbeiten zu können, sollte nach der Untersuchung zur schulischen Cybermobbingsituation eine Veranstaltung zur aktuellen Schullage folgen. (Darauf basiert außerdem die ggf. erforderliche Weiterbildung des Lehrerkollegiums durch Schulpsycholog*innen oder externe Expert*innen.) In dieser Veranstaltung wird das gesamte Lehrerkollegium über die Erkenntnisse informiert und folgendes besprochen:

- Wo tritt digitale Gewalt auf?
- Wie häufig ist dies der Fall?
- Welche Formen sind ausgeprägt?
- Welche Klassen sind am häufigsten betroffen?

- Gibt es Unterschiede zwischen verschiedenen Gruppen (Jungen und Mädchen oder auch kulturell bedingte Divergenzen etc.)?

Neben pädagogischen und rechtlichen Grundkenntnissen über die Thematik Cybermobbing werden gemeinsam Schlussfolgerungen zu den Erkenntnissen der Schulsituation gezogen und Perspektiven für den Umgang mit der Problematik erarbeitet.

Ziele der nachfolgenden Fortbildung für die Lehrkräfte ist es, Kompetenzen zu vermitteln, um die Arbeit gegen Cybermobbing unterstützen und anleiten zu können. Hierfür müssen Fachkräfte akquiriert werden, die im weiteren Verlauf die Leitung der verschiedenen Module übernehmen und begleiten. Nach der Fortbildungseinheit werden in Absprache zwischen Schulleitung, Lehrkräften und Schulpsycholog*innen anhand der Erkenntnisse die Ziele sowie die nachfolgenden Schritte der Präventionsarbeit bestimmt.

Für die Umsetzung der angestrebten Vorstellungen kann es in vielen Fällen sinnvoll sein, den dauerhaften Einsatz außerschulischer Expert*innen oder Expert*innenteams (z. B. Medienpsycholog*innen) einzuplanen, denn der Blick von außen liefert meist eine andere Sicht auf die schulischen Gegebenheiten und ist ein wichtiger Perspektivwechsel in der Umsetzung der verschiedenen Präventionsmodule. Neben kontinuierlichen Ausbildungs- und Unterstützungsstrukturen, dem Einsatz spezifischer Präventionskonzepte und einer fundierten Resilienzförderung ist die Erfassung situativer Veränderungen in die Schulorganisation zu integrieren. Eine externe Begleitung (Supervision) in der Unterstützung gefährdeter Schüler*innen und Durchführung der Antigewalttrainings als Teil der dauerhaften Präventionsarbeit ist empfehlenswert.

3.3.3 Bauliche Situation

Im Rahmen der Prävention sollten zusätzlich die baulichen Gegebenheiten der Schule beurteilt werden. Veränderungen spezifischer Orte können notwendig sein, an denen Mobbing und Cybermobbing öfter auftritt. Diese müssen ggf. besser abgesichert oder anders gestaltet werden, wie z. B. die Lichtquellen in Toilettenräumen. Auch die Abläufe in den Pausen oder Freistunden können anders strukturiert und unter Aufsicht gestellt werden, durchaus von Peers durchgeführt (s. auf dem Schulhof Pausenscouts, die für alle als Ansprechpartner deutlich sichtbar sind, z. B. durch Tragen bestimmter Sticker, Kappen oder T-Shirts).

3.3.4 Schüler*innenkompetenz: Klassenprojekte zum Thema Cybermobbing

Nach der situativen Erhebung und Auswertung durch die Schulleitung, Lehrkräfte und die Schulpsychologie beginnt die Präventionsarbeit in Form von Klassenprojekten. Hierfür soll das Themenspektrum Cybermobbing anhand der Schulergebnisse in den Klassen diskutiert werden. Es werden die wichtigsten Ergebnisse in den verschiedenen Klassenstufen vorgestellt, d. h. was passiert, wie oft und wann.

Die Klassen werden daraufhin in Gruppen eingeteilt, die die Rollen der verschiedenen Beteiligten einnehmen und sich mit deren Situation auseinandersetzen: der Opfersicht, der Täter*innensicht und der Sicht der Bystander (Beispiel Szenario im Anhang: Diskussionsleitfaden für die Gruppenarbeit in Klassen). In den Gruppen wird dann erarbeitet,

- was Cybermobbing fördert,
- was die Hintergründe von Cybermobbing sind,
- wie sich die Betroffenen fühlen,
- was die Täter*innen bei den Handlungen erleben,
- was über die Motive der Täter*innen bekannt ist,
- welche Rolle Hilflosigkeit (bei Betroffenen und Bystandern) spielt.

Jede Gruppe stellt ihre Ergebnisse im Plenum der Klasse vor. Gemeinsam werden anschließend Lösungsvorschläge erarbeitet:

- Was kann die Klasse gegen Cybermobbing tun?
- Was kann jeder Einzelne tun?
- Welche Rolle sollten Lehrkräfte einnehmen?
- Was erwarten die Schüler*innen von ihnen im Umgang mit Cybermobbing?

Es wird festgehalten, woran man erkennt, dass jemand individuell durch Cybermobbing belastet ist, z. B. durch auffällige Veränderungen im Aussehen oder im Verhalten (Rückzug oder Aggressivität), Antriebslosigkeit, stark schwankende Gemütsverfassung oder plötzliche depressive Stimmung. Hierzu werden Hilfemaßnahmen erarbeitet, wie z. B. andere zu informieren und als Gruppe zusammen zu agieren. Das direkte Ansprechen der Betroffenen, Einbinden der Lehrkräfte, Möglichkeiten für anonyme Chatgespräche, das Nutzen von Online-Beratungsplattformen oder Beratungsteams sichtbar machen werden als Wege zur konkreten Umsetzung dargestellt.

Die Lösungsvorschläge und Ideen der Klassen gegen Cybermobbing vorzugehen, werden koordiniert und zusammengefasst. Sie werden mit den Ansätzen, die die Lehrkräfte und die Schulleitung erarbeiten, verknüpft. Unter Einbezug der Erkenntnisse wird das weitere Vorgehen an der Schule ausgerichtet. Eine Vorstellung der Ergebnisse und der weiteren Planung erfolgt dann im Plenum für Lehrkräfte, Schüler*innen und Eltern.

3.3.5 Widerstandskraft gegen Cybermobbing: Resilienzförderung

Ein zentraler Baustein der Präventionsarbeit ist die Förderung von Resilienzfaktoren, die parallel zu den Cybermobbing Projekten in den Klassen erfolgt. Dies betrifft zum einen den Umgang mit Online-Medien, wobei gerade in den jüngeren Klassen verschiedene Fragen bearbeitet werden:

- Was sollte man im Netz veröffentlichen?
- Was ist Privatheit?
- Wie kann man Angriffe versehentlich fördern z. B. durch zu große Offenheit an öffentlich zugänglichen digitalen Orten?

Auch Strategien der Selbstkontrolle in der digitalen Kommunikation Raum mit anderen gehören dazu:

- Antworten nicht sofort abschicken
- Nachdenken, was man eigentlich vermitteln will
- Überlegen, ob die Nachricht vielleicht falsch interpretiert werden könnte
- Bewusstes Weglassen von aggressiven Worten oder wütenden, bösen Emojis als Beitrag zur Deeskalation
- Hinzufügen emotionaler positiver Zeichen.

Resilienzförderung betrifft ebenso die Vermittlung digitaler sozialer Kompetenzen. Ähnlich dem Face-to-face-Training muss dort erlernt werden, was digitale Inhalte bei den virtuellen Gesprächspartner*innen auslösen können. So wie man lernt, Mimik und Gestik des Gegenübers zu interpretieren, muss man online das eigene, aber auch das Verhalten anderer wie in einem Spiegel betrachten und hinterfragen: »Was würde ich mir selbst für einen Umgang wünschen und wie würde ich die Botschaft empfinden?«.

Der Resilienzstärkung dient zudem das Erlernen von Copingstrategien, also dem kontrollierten Umgang mit unangenehmen Situationen anhand eines Erste Hilfe-Plans. Er besteht darin festzulegen, an wen man sich wenden kann, wenn etwas Unangenehmes passiert oder wenn bei anderen etwas auffällt. Jede*r sollte wissen, wer an der Schule für Cybermobbing angesprochen werden kann oder wo man online eine Beratung findet (z. B. www.juuuport.de oder www.cybermobbinghilfe.de). Die Frage »Was muss ich tun, um dagegen vorzugehen?« sollte beantwortet werden können.

Resilienz umfasst auch zu wissen, dass z. B. Beweise zu sichern sind, Screenshots zu machen, Betreiber der Plattformen zu informieren und auch darüber Kopien anzufertigen sind. Schützend wirkt ebenso, wenn man weiß, wie ein Online-Logbuch zu führen ist, worin man beschreiben kann

- was passiert ist,
- wann etwas angefangen hat,
- welchen Verlauf alles genommen hat,
- wie viele mitgemacht haben,
- wo was passiert (SMS, Tiktok, WhatApp etc.) usw.

Zu einer resilienten Schule gehören außerdem klare Regeln zum Umgang mit Gewalt, konsistente Strukturen, an denen sich Schüler*innen orientieren können und Unterstützung erfahren, z. B. über funktionierende Beratungsangebote durch den schulpsychologischen Dienst oder die Einbindung von Sozialarbeiter*innen sowie Kontrollmechanismen. Letztere sollten in regelmäßigen Beobachtungen der Gewaltsituation bestehen, aber auch eine Meldestelle für Cybermobbing und Gewalthandlungen für Lehrer*innen und Schüler*innen sowie klassenspezifische Beurteilung gefährdeter Schüle*innen beinhalten.

Resilienzförderung bedeutet zudem, die Familienarbeit in die Prävention einzubinden. Für die Integration am Rande stehender oder verhaltensauffälliger Schüler*innen ist dies ein wichtiger Erfolgsfaktor. Sinnvoll ist der Einsatz von Elternberater*innen, die über neue Themenbereiche informieren und Elternworkshops anbieten. Der Peer to Parent Ansatz (▶ Kap. 4.3.4) kann hier gewinnbringend genutzt werden: Jugendliche informieren über neue digitale Problemstellungen, die ihnen wichtig sind, und darüber, welche Hilfestellungen sie sich auch von der Familie wünschen.

3.3.6 Coaching von Bystanderprozessen

In das Präventionsmanagement eingebunden werden sollte, dass Gruppen als Schutzfaktor gegen Cybermobbing/Mobbing von entscheidender Bedeutung sind. Wer alleine ist, wird eher zur »Zielscheibe«

von Anfeindungen und kann sich weniger wirksam verteidigen als eine Person, die eine schützende Gruppe hinter sich hat. Deshalb spielen Beziehungsnetzwerke in der Vermeidung von Gewalt und Mobbing unter Kindern und Jugendlichen eine erhebliche Rolle.

Dies gilt ebenso für diejenigen, die beobachten, dass jemand zur »Zielscheibe« von Mobbing/Cybermobbing wird. Wer Teil einer Gruppe ist, traut sich eher zu helfen, da die Gefahr geringer ist, selbst zum Opfer zu werden. Der Helfende befindet sich in einem sozialen Schutzraum und wird daraufhin als Teil einer Gruppe ernster genommen. Die Täter*innen sind zurückhaltender, gegen eine größere »Verteidigergruppe« anzugehen. Wer erlebt hat, wie sich die Dynamik in einer Klasse verändern kann, wenn sich immer mehr Jugendliche gegen die Täter*innen wenden, kann erkennen, welche Kraft hier die Gemeinschaft entfalten kann. Die Täter*innen laufen dann selbst Gefahr, ihrerseits ausgeschlossen zu werden.

Gruppenprozesse und Beziehungsnetzwerke sind in Vorbeugung gegen Cybermobbing und bei der Bewältigung von Cybermobbing relevant. Allerdings zeigt sich, dass viele Beobachter*innen (Bystander) sich eher passiv verhalten und die wenigsten unterstützend eingreifen (Van Cleemput et al., 2014; Shultz et al., 2014). Leider wird diese Passivität von Täter*innen sehr oft als Akzeptanz missverstanden.

Ob Bystander die Betroffenen aktiv unterstützen, ist von individuellen, sozialen und situationalen Einflussfaktoren abhängig (Pfetsch, 2016). Mädchen, jüngere Jugendliche und Personen mit eigenen Cybermobbing-Erfahrungen tendieren eher zu unterstützendem und prosozialem Verhalten. Ein höheres Maß an Empathie und Vertrauen in die eigenen Fähigkeiten verstärkt die Motivation des aktiven Eingreifens. Besteht eine freundschaftliche Beziehung zu Betroffenen, so erhöht dies ebenso die Wahrscheinlichkeit prosozialen Verhaltens (DeSmet et al., 2014; Macháčková et al., 2015; Van Cleemput et al., 2014). Das Auftreten als Täter*in, ein Abwerten von sozialen Normen sowie von Personen, die nicht zur eigenen Gruppe gehören, führen eher zu Passivität. Problematisch ist allerdings, wenn in der gesamten Schulklasse oder Freundesgruppe aggressive Einstellungen vorherrschen. Die Reaktionsfähigkeit der Bystander wird hier durch den Gruppendruck bzw. bestehende Norm der Akzeptanz von Aggression geschwächt, prosoziales Verhalten wird unwahrscheinlicher. Zusätzlich besteht das Risiko hoher sozialer Kosten, die darin bestehen, selbst zur »Zielscheibe« von Cybermobbingattacken zu werden. Psychologische Folgen sind insofern auch Ängste und negative Emotionen, die das Handeln verhindern. Ein Problem in der Aktivierung von Bystandern ist die Anwesenheit vieler anderer Personen. Je mehr Menschen dabei sind, die die Situation beobachten, umso weniger sind alle motiviert einzugreifen. Vielfach wird die Verantwortung auf die anderen abgeschoben: Sie könnten ja auch etwas tun (Verantwortungsdiffusion). Für eine wirksame Prävention muss diese Tendenz reduziert werden.

Ein Bewusstsein dafür, dass der soziale Schutzraum zuverlässig sein kann, muss bei Kindern und Jugendlichen sehr früh entstehen. Strategien, die das Zusammenschließen zu einer helfenden Gruppe fördern, erleichtern dies. Hierzu zählt das gezielte Ansprechen anderer, auf die Situation deutlich hinzuweisen und zum Widerstand aufzufordern. Durch diese Erfahrung bekommen sie ein Gefühl dafür, dass sie Schwächeren als Gruppe konkret helfen und beistehen können, vorausgesetzt sie erkennen als Bystander die Notsituation. Hierzu müssen die Fähigkeit der situativen Wahrnehmung und die digitale Empathie immer wieder gestärkt werden.

Mit der Implementierung eines Cyber-Teams, das Jugendliche als Berater*innen einsetzt, wird dies möglich. Die Wirkung der positiven Vorbilder stärkt die Bereitschaft und die Gewissheit, zusammen gegen Cybermobbing vorgehen zu können, und sie lässt eine Dynamik der Motivation auch für andere entstehen. Die Präventionsprogramme Medienhelden, Medienscouts NRW oder »Digitale Helden« (https://digitale-helden.de/) zielen auf diese Effekte bei Jugendlichen ab.

3.3.7 Digitale Medienbildung in die Fächer integrieren

Um digitale Medienbildung durchzuführen, bieten sich verschiedene Schulfächer an, wie z. B. Deutschunterricht oder Naturwissenschaften (einige Anregungen hierzu findet man auf https://www.digibits.de/materialpool/). So könnte man im Mathematikunterricht die Bedeutung von Algorithmen für Hass im Netz thematisieren. Die Schüler*innen können hierfür in Gruppen unter Anleitung diese folgenden Fragestellungen beantworten:

- Was sind Algorithmen?
- Wie funktionieren sie?
- Wie beeinflussen und verstärken sie Hass und Hetze in sozialen Netzwerken?
- Warum kommen Menschen z. B. mit ähnlichen Gewalteinstellungen online so schnell und leicht zusammen?
- Welche Bedeutung haben Algorithmen für Filterblasen?

Die verschiedenen Fragen werden wieder durch unterschiedliche Gruppen bearbeitet und Antworten im Klassenplenum präsentiert.

3.3.8 Beratungs- und Hilfestrukturen

Einer der wichtigsten Bestandteile des Präventionsmanagements an Schulen ist der Einsatz von Beratungs- und Hilfeteams. Diese müssen dauerhaft in die Schulorganisation eingebunden werden. Jugendliche sollten als Peerberater*innen für die verschiedenen Schulstufen ausgebildet werden und dann als persönliche digitale Ansprechpartner*innen bzw. Tutor*innen für eine Klasse arbeiten. Unterstützt werden sie durch Lehrpersonen und eventuell eine externe Berater*in.

Auch ein digitales SOS-System mit Jugendlichen zur Kontaktaufnahme und Erstberatung ist ein weiterer wichtiger Baustein. Kontaktmöglichkeiten (online und telefonisch), die zu verlässlichen

Zeiten besetzt sind, gehören dazu. Cybermobbing zunächst anonym melden zu können, macht es den Betroffenen leichter, denn es reduziert die Befürchtung von anderen als Verräter*in dazustehen. Ein solches System dient damit außerdem dem Opferschutz.

Die Qualifikation der Schüler*innen zu der Thematik Cybermobbing hilft zudem, um an der Schule ein System gegen Mobbing und Gewalt zu etablieren. Hierbei sind jugendliche Mentor*innen besonders wirkungsvoll, die auf Augenhöhe mit Schüler*innen arbeiten und Aufklärung, Training und Hilfestellung zu digitalen Themen organisieren und durchführen können. Ihre Vorbildfunktion ist bedeutend für die Wirksamkeit der Aufklärungsarbeit, die auch zum Ziel hat, vorgefestigte kulturell geprägte Strukturen und Mindsets bezogen auf positive Gewalteinstellungen aufzubrechen und zu verändern. Das Konzept jugendlicher Mentor*innen zeigt sich auch schulübergreifend als äußerst sinnvoll: Durch die Kooperation weiterführender Schulen mit Grundschulen wird der Ausbildungsstand der jüngsten Online-Nutzer*innen gefördert, die älteren Schüler*innen als Mentor*innen machen durch ihre Arbeit zudem Erfahrungen, die das Selbstbild positiv beeinflussen.

3.4 Handeln bei akuten Cybermobbing-Ereignissen

Besteht der Verdacht, dass Kinder oder Jugendliche aufgrund von Cybermobbing akut belastet sind bzw. dass Täter*innen akut aktiv Cybermobbing betreiben (▸ Kap. 2.8), muss pädagogisch gehandelt werden. Dies bedeutet, dass eine kurzfristige Klärung der Situation erfolgt, damit die Cybermobbingereignisse beendet werden. Danach müssen die individuelle Aufarbeitung der Taten, Wiedergutmachung und Konfliktschlichtung initiiert werden. Langfristig können verschiedene Interventionen zum Umgang mit aggressivem Verhalten, zum Artikulieren von Bedürfnissen und Erkennen von Emotionen erforderlich sein.

3.4.1 Informationen erheben

Die pädagogische Beobachtung bzw. der Verdacht des Auftretens von Cybermobbing sollte immer eine Klärung nach sich ziehen, um die mögliche Belastung von Schüler*innen zeitnah beenden zu können. Eine Validierung der eigenen Erkenntnisse, wie z. B. der Rückzug eines Kindes aufgrund möglicher akuter Cybermobbingaktivitäten, sollte im Austausch mit Kolleg*innen erfolgen. Werden diese Beobachtungen durch andere ggf. auch mehrfach bestätigt (d. h. intersubjektiv validiert), so stützt dies die eigene Erkenntnis. Ein kausaler Zusammenhang mit Cybermobbing ist aber damit noch nicht bestätigt.

Der nächste Schritt besteht in einem klärenden Gespräch mit Eltern und mit Betroffenen. Hier ist es wichtig, die eigene Beobachtung anhand von konkreten Informationen belegen zu können. Dabei sind Protokolle oder Notizen hilfreich, in denen Ort, Zeit und Inhalt der Beobachtung (Verhalten o. ä.) notiert worden sind. Ein solches Gespräch hat immer unterstützenden Charakter und stellt keinesfalls eine Konfrontation oder Bloßstellung dar. Es muss deutlich werden, dass Unterstützung durch die Schule und die dort tätigen Personen angeboten und nicht gegen den expliziten Wunsch der Schüler*innen oder der Eltern gehandelt wird. Dieses Gespräch kann Ausgangspunkt eines gemeinsamen Handlungsplans sein, in dem kurzfristig eine Erste-Hilfe-Strategie vereinbart wird und die weiteren Schritte besprochen werden.

Ein Gespräch mit externen Expert*innen kann aus verschiedenen Gründen nötig sein. Einerseits hilft es, die zu gehenden Schritte auf neutraler und abstrakter Ebene abzustimmen, andererseits bietet es sich an, um die eigene Qualifikation zu verbessern. Expert*innen können im Prozess der Intervention zudem als Unparteiische aktiv werden, die Expertise im Kollegium erhöhen und supervisorisch tätig sein.

3.4.2 Aufarbeitung der Taten

Ziel der Tataufarbeitung ist es, die Hintergründe der Ereignisse zu klären. Dabei müssen mögliche Konflikte geschlichtet, Misstrauen reduziert, Ängste abgebaut und Chancen erkannt werden. Sie erfordert außerdem die Entwicklung einer gemeinsamen Vorstellung darüber, dass es Möglichkeiten zur Aufarbeitung und Wiedergutmachung von Cybermobbing gibt.

Ein solches Gespräch kann in diese Phasen eingeteilt werden:

- Beschreibung der Tat und deren Geschichte (Thema, Inhalt, Art, Auslöser, Emotionen der Beteiligten)
- Verstehen der Folgen des Cybermobbing (psychische Belastung, Empathie, Verantwortung)
- Lösungsfindung (Ausgleich aushandeln, zukünftiger Umgang miteinander) und Abschlussvereinbarung.

Die Aufarbeitung einer Tat kann beispielsweise nach der Farsta Methode (siehe Anlage) erfolgen. Diese konfrontative Interventionsmethode von Karl Ljungström soll erreichen, dass Täter*innen zum Kooperationspartner gegen Cybermobbing werden und es zu einer Aussöhnung der Betroffenen kommt (Schubarth, 2010). Zentrale Botschaft ist, dass Gewalt nicht geduldet und dass entschieden gegen gewalttätige Schüler*innen vorgegangen wird. Konsequenzen für die Täter*innen werden nicht nur angedroht, sondern auch konsequent durchgesetzt.

3.4.3 Aggressives Verhalten reduzieren

In einigen Fällen kann es erforderlich sein, Beteiligte dabei zu unterstützen, aggressives Verhalten zu reduzieren. Das »Training mit aggressiven Kindern« (Petermann und Petermann, 2012) hat zum Ziel, wichtige Kompetenzen zu fördern, die aggressives Verhalten reduzieren helfen. Folgende Inhalte stehen im Fokus:

- das Erlernen konstruktiver Konfliktlösung
- Selbstbehauptung als Alternative zu aggressivem Verhalten
- Vermittlung von kooperativem und helfendem Verhalten
- Strategien der Selbstkontrolle, um das Aggressionspotenzial zu hemmen
- Empathiefähigkeit
- Impulskontrolle, wobei auch erlernt wird, die eigenen und die Gefühle anderer richtig wahrzunehmen und einordnen zu können.

Als wissenschaftlich fundiert und erfolgreich evaluiertes Programm kann das »Training mit aggressiven Kindern« empfohlen werden. Es handelt sich um ein kognitiv-behaviorales Problemlösetraining für Kinder zwischen sechs und zwölf Jahren, das als Einzel- oder Gruppentraining kombiniert mit begleitender Elternarbeit erfolgen kann. Das Training kann im schulischen und stationären Bereich, in der Kinder- und Jugendarbeit, in der Elternberatung und kombiniert mit anderen Trainingsansätzen eingesetzt werden.

3.4.4 Bedürfnisse ansprechen

Manche Täter*innen haben erhebliche Schwierigkeiten, die eigenen Bedürfnisse anzusprechen und diese durch Gespräche und Kommunikation auszuhandeln, ohne dass Konflikte eskalieren. Eine wirksame Methode, um dies zu erlernen, ist der »Jeder-gewinnt-Ansatz« (Gordon, 1989). In einem sechsstufigen Prozess werden in der Klasse gemeinsam mit einer/m Moderator*in Schritte erarbeitet, die zukünftig als Konfliktlösungsstrategien angewendet werden sollen:

Schritt 1
Hier sollen die Probleme untereinander erkannt und definiert werden. Es erfolgt kein Vorwurf oder eine Wertung des Konflikts oder der Gefühle. Unter den Kindern werden Situationen beschrieben, in denen sie sich zurückgesetzt fühlen oder auch eifersüchtig werden, z. B. wenn sie meinen, die Lehrer*in beachtet andere mehr oder in der Pause lässt man sie links liegen. Oder wenn sie sich auf WhatsApp ausgegrenzt

fühlen, weil sie nicht alle Nachrichten bekommen, da man sie nicht in eine bestimmte WhatsApp Gruppe einlädt. Die Beschreibung der eigenen Gefühle sollen nicht übertrieben, aber auch nicht heruntergespielt werden. Dabei müssen alle lernen, einander zuzuhören und die Standpunkte, Argumente und Gefühle der anderen zu erfassen.

Schritt 2
Nun werden alternative Lösungen für die zuvor geschilderten verschiedenen Konflikt- oder Problemsituationen entwickelt, wobei die jeweiligen Situationen in einzelnen Trainingsstunden verarbeitet werden. Wichtig ist, dass alle ermuntert werden, Vorschläge zu machen. Diese werden in einer Brainstormingphase gesammelt. Lösungsideen könnten z. B. folgende Situationen betreffen: Was mache ich z. B., wenn ich mich zurückgesetzt fühle? Oder wenn ich glaube, dass man mich bei etwas nicht dabeihaben will?

Schritt 3
Die Beurteilung der alternativen Lösungsvorschläge für die unterschiedlichen Situationen erfolgt dann in diesem Schritt. Hierbei soll eine ehrliche Kritik gefördert werden, welche Vor- und Nachteile haben die verschiedenen Ideen? Welche bestimmten Argumente können alle Kinder für einen Vorschlag überzeugen? Gemeinsam wird die jeweils beste Lösung aus Sicht der Gruppe für die unterschiedlichen Situationen ausgewählt.

Schritt 4
Danach erfolgt die Entscheidung für ein Lösungsmuster, allerdings darf keine*r dazu überredet werden, alle Beteiligten sollten sich zu der gewählten Lösung bekennen.

Schritt 5
Nun wird die Entscheidung ausgeführt. Es wird festgelegt, wer wann was tun soll, z. B. wenn sich zwei Mitschüler*innen in der Klasse streiten. Jede*r hat seine bestimmte Rolle zu erfüllen, darauf müssen sich alle verlassen können. Es muss klar sein, dass alle Verantwortung für den Umgang miteinander haben.

Schritt 6
Im letzten Schritt wird die umgesetzte Lösung bewertet. Hatte die eingesetzte Strategie Erfolg? Gilt diese Lösung eventuell auch für

mehrere Situationen? Gibt es vielleicht doch Schwächen? Können nützliche Verhaltensmuster festgelegt, eine Art Universalablauf erarbeitet werden?

Dieses Konzept nutzt die Vorteile der Partizipation der gesamten Gruppe, niemand fühlt sich ausgeschlossen, auch vorherige »Täter*innen« nicht. Gleichzeitig wird niemand als Sieger*in aus diesem Training hervorgehen, jede*r ist Teil der Lösung.

3.4.5 Erkennen von Emotionen, entwickeln sozialer Kompetenzen und konstruktiver Konfliktlösungen

Das Erkennen der Emotionen, Erlernen grundlegender sozialer Kompetenzen im Umgang mit anderen Kindern sowie Erlernen konstruktiver Konfliktlösung sind Bausteine von »Komm - wir finden eine Lösung!« (Zwenger-Balink, 2013). Die Kinder sollen hier lernen, sich Zeit zum Antizipieren möglicher Folgen von Handlungsweisen zu nehmen.

Die Methode stammt aus dem sozial-therapeutischen Rollenspiel sowie der systemischen Psychotherapie, deren Übungen mit unterschiedlichen Unterrichtsmaterialien aufbereitet werden. Das Training wird in vier aufeinanderfolgenden Wochen im Rahmen von zwei Schulstunden durchgeführt. Zu den Lerninhalten gehören die Selbst- und Fremdwahrnehmung, Unterschiede und Gemeinsamkeiten zu erkennen und zu tolerieren (Geschlecht, Ethnie, Religion etc.). Kindern wird die Bedeutung des Zuhörens vermittelt und veranschaulicht, wie wichtig es ist, sich und seine Gefühle deutlich zu machen, wenn es um das Beilegen einer Meinungsverschiedenheit geht. Ebenso wird der Umgang mit (negativen) Emotionen und alternative Methoden für den Umgang mit diesen erprobt.

Diesem Prinzip folgt auch das Training »Interpersonal Cognitive Problem Solving/I can Problem solve« (ICPS) von Shure (2001) für Kindergarten- und Grundschulkinder. Beziehungs- und Kommunikationsfähigkeit kann sich dadurch verbessern sowie das Risiko der Entwicklung einer psychischen Auffälligkeit verringern, wenn Kinder lernen, alternative Lösungen für Alltagsprobleme zu entwickeln und Handlungen anderer zu antizipieren. Gleichzeitig reduzieren sich bei diesen Kindern die Impulsivität, sie zeigen sich empathischer und prosozialer, was sich wiederum günstig auf die Beziehungen zu Gleichaltrigen auswirkt.

Allerdings geht es im Klassentraining nicht nur um den Umgang mit Konflikten und das Erlernen sozialer Kompetenzen, sondern auch um den bewussten Umgang mit den neuen Medien im Kontext von positiver Kommunikation und von Mobbingtendenzen. Die digitale Kommunikation birgt starke Risiken in Bezug auf Missverständnisse. Die Konsequenzen sind nicht selten dramatisch: Die Opfer sind häufig geschockt, wenn sich ehemalige Freunde negativ über sie äußern, oder schämen sich, wenn private Geheimnisse auf WhatsApp ausgetauscht werden. Kinder sollten sich bei allem, was sie online tun, permanent die Frage stellen: »Würde ich das jemandem auch ins Gesicht sagen, was ich online verbreite?« oder »Was dürfen eigentlich andere über mich wissen?«

Die Anwendung der dargestellten Konzepte für eine pädagogische Prävention und Intervention im Fall von Cybermobbing wird nun in Form von drei Fallvignetten in den nächsten drei Abschnitten dargestellt. Es wurden Konstellationen ausgewählt, die häufige Ereignisse an Schulen repräsentieren. Im Vorfeld ist zu erwähnen, dass bestimmte Voraussetzungen bezüglich verfügbarer Ressourcen gegeben sind, die den realen Gegebenheiten nicht immer entsprechen (u. a. zeitliche Ressourcen der Lehrkräfte, Kooperationsbereitschaft der Eltern, die Verfügbarkeit von externen Ansprechpartner*innen). Allerdings zeigt die Erfahrung der letzten Jahre, dass auch in kleinem Rahmen, bei guter Informations- und Weiterbildungslage, die häufig durch Eigeninitiative von Lehrkräften, Eltern oder Schüler*innen angestoßen wird, sehr gute Erfolge erzielt werden.

4

Fallvignette Lina

4.1 Ausgangslage

Lina, 14 Jahre, war bis vor einigen Monaten kontaktfreudig, aufgeweckt, beliebt und zeigte gute Schulleistungen. Ihre Freizeit verbrachte sie gerne im Reitstall oder mit ihrer festen Clique, bestehend aus drei weiteren Mädchen. Die Mädchen waren über WhatsApp-Gruppen organisiert. Hier tauschten sie nicht nur Informationen zu Treffen oder Neuigkeiten aus, sondern auch Bilder und Privates. Allerdings kommunizierten sie untereinander nicht nur in ihrem Gruppenchat, sondern auch individuell.

Vor einigen Wochen tritt eine Veränderung ein: Eines der drei anderen Mädchen, Irma, verliebt sich in einen Schüler aus einer höheren Klasse – einen Freund ihres Bruders. Es kommt dabei auch häufiger vor, dass die vier Mädchen diesem Schüler nicht nur in der Schule, sondern auch im heimischen Umfeld begegnen. Unter den Mädchen ist die neue Verliebtheit ein wichtiges Thema, da sie alle aktuell keinen Freund haben. Allerdings wird bald deutlich, dass sich der etwas ältere Schüler eher für Lina interessiert, was bei Irma nicht gut ankommt. Zwar ist Lina nicht an dem Jungen interessiert, doch für die weitere Entwicklung spielt dies keine Rolle, denn Irma wird zunehmend eifersüchtig, da ihr Interesse unbeantwortet bleibt und sie Lina dafür die Schuld gibt. Den anderen Freundinnen vermittelt sie verletzt, dass man Lina nicht mehr vertrauen könne und sie nur aus Spaß jeden zukünftigen Freund ihrer Freundinnen »ausspannen« wolle. Die anderen Freundinnen gehen immer mehr darauf ein und beginnen, Lina aus ihren Chatgesprächen auszuschließen. Uhrzeiten und Treffpunkte werden nicht mehr mitgeteilt, sodass sie nicht mehr erfährt, wann und wo sich die Gruppe trifft. Doch damit nicht genug: Die Mädchen laden mehr Schüler*innen ihrer Klasse in eine neue WhatsApp-Gruppe ein und verbreiten dort Fotos von Lina in Unterwäsche, die die Mädchen gemeinsam vor einigen Monaten bei einem Einkauf aufgenommen hatten, mit dem Zusatz, Lina hätte sie speziell für den Jungen gemacht. Lina wird ausgeschlossen, nicht nur online, auch in der Klasse distanziert sich die Mehrheit von ihr. Es wird getuschelt und Lina erhält anonyme Nachrichten mit verletzenden Kommentaren. Ein Mitschüler sagt ihr dann im Bus, dass in einer WhatsApp-Gruppe gegen sie gehetzt wird, wer aber alles dabei sei, wüsste er nicht genau. Diese Handlungen ziehen sich über Wochen hin. Lina zieht sich dadurch auch in der Klasse immer mehr zurück, arbeitet nicht mehr aktiv mit und wird von den Eltern öfter krankgemeldet.

Frau K., Deutschlehrerin an Linas Gymnasium, fallen markante Veränderungen im Verhalten ihrer Schülerin auf. Sie kennt Lina als ein Mädchen, das aufgeschlossen und mitteilsam ist und sich im Unterricht durch ihre aktive Mitarbeit auszeichnet. In letzter Zeit bemerkt Frau K., dass sich Lina spürbar zurückzieht und dem Unterricht kaum mehr folgt. Außerdem hat sie sichtbar Gewicht verloren und der Kontakt zu ihren Mitschüler*innen, vor allem zu ihren Freundinnen, wirkt belastet. Unterschwellig nimmt sie wahr, dass Lina soziale Ablehnung entgegenschlägt, andere Schüler*innen tuscheln und fixieren Lina intensiv. Da Frau K. diese Veränderung nun schon seit einigen Wochen wahrnimmt, entscheidet sie jetzt zu handeln.

4.2 Erhebung weiterer Informationen

Um das weitere Vorgehen zu planen, möchte Frau K. zunächst einmal noch Informationen über die schulische Lage, das soziale Umfeld und die familiäre Situation zusammentragen. Sie entscheidet sich hierzu für einen Austausch im Kollegium, sucht den externen Kontakt u. a. zur schulpsychologischen Beratungsstelle, nimmt schließlich Kontakt mit Lina auf und sucht das Elterngespräch.

4.2.1 Kollegialer Austausch

Mit dem Ziel, die Entstehungsbedingungen von Linas Wandel zu klären und um ihre eigenen Beobachtungen abzugleichen, nimmt Frau K. Kontakt zu Linas Klassenlehrer sowie anderen Lehrkräften auf. Sie besprechen gemeinsam den auffälligen sozialen Rückzug, die zunehmende Kontaktarmut und Linas Gewichtsreduktion. Die Kolleg*innen bestätigen ihre Wahrnehmung, denn sie haben diese Anzeichen bei Lina ebenso bereits bemerkt. Nach mehreren Gesprächen werden von ihr nun zwei Hypothesen verfolgt: Dass familiäre Probleme bzw. alterstypische Sorgen eine Rolle spielen oder dass soziale Konflikte unter Gleichaltrigen und ggf. Mobbing Linas Verhalten bedingen könnten.

4.2.2 Externe fachliche Unterstützung

Da sie sich fachlich unsicher fühlt und um keine weitere Zeit zu verlieren, möchte sich Frau K. zusätzlich über Mobbing/Cybermobbing informieren. An ihrer Schule besteht zu diesem Themenfeld bislang kein pädagogisches Konzept, auf das sie sich beziehen könnte. Sie sucht den Kontakt zu einer Beratungsstelle am kommunalen Amt für Kinder, Jugend und Familien. In ihrer Stadt befindet sich ein Kinderschutzzentrum, bei dem fachliche Informationen, Hinweise zu Präventionsmöglichkeiten und konkrete psychologische Hilfsangebote verfügbar sind (s. https://www.kinderschutz-zentren.org/hilfe-fuer-kinder). Nach einem persönlichen Telefonat mit einer Mitarbeiterin wird sie in der Annahme bestärkt, dass Lina Mobbing erleben könnte. Im Kinderschutzzentrum wird ihr angeboten, sie beim weiteren Vorgehen zu unterstützen. Unter anderem werden Gesprächstermine mit den Betroffenen und ein Informationstag für Lehrkräfte vorgeschlagen. Frau K. plant später darauf zurückzukommen.

4.2.3 Kontakt zur betroffenen Person

Frau K. sucht schließlich das Gespräch mit Lina während einer Pause. Sie spricht Lina aktiv an und äußert vorsichtig und mitfühlend, dass sie den Eindruck habe, dass sich Linas Verhalten verändert hat. Frau K. äußert keine Vermutungen, wie z. B. zu familiären Problemen oder Konflikten mit Mitschüler*innen oder Mobbing/Cybermobbing, um eine suggestive Wirkung zu vermeiden. Sie bietet Lina zudem an, sich mit ihr nach der regulären Unterrichtszeit unterhalten zu können. Das Lehrerzimmer hat eine ansprechende, etwas abgeschirmte Sitzecke, in der man sich sehr gut nach dem Unterricht treffen könne. Lina ist überrascht und wirkt gleichzeitig erleichtert, dass Frau K. sie anspricht. Beide verabreden, dass Lina sich das Angebot durch den Kopf gehen lassen wird und sich wieder bei Frau K. meldet.

4.2.4 Elterngespräch

Von Linas Klassenlehrer ist Frau K. darüber in Kenntnis gesetzt worden, dass die Eltern beide berufsstätig und als engagiert bekannt sind. Frau K. möchte die Eltern bei einem ersten telefonischen Kontakt zunächst auf Linas verändertes Verhalten ansprechen. Die Mutter zeigt sich erstaunt über den Anruf und bedankt sich für die Initiative von Frau K. Tatsächlich hätten die Eltern ein paar wenige Veränderungen bemerkt, diesen aber nicht besonders viel Bedeutung beigemessen bzw. als alterstypische Probleme eingeordnet. Ihre eigene berufliche Belastung, so die Annahme der Eltern, trägt dazu bei, dass sie sich aktuell zu wenig um Lina kümmern würden. Im Gespräch erwähnen die Eltern Linas erkennbar zurückgegangene Nutzung ihres Smartphones. Diesen etwas irritierenden Punkt möchten die Eltern mit ihrer Tochter besprechen. Frau K. rät ihnen, sich ebenso bei dem regionalen Kinderschutzzentrum zu informieren.

4.2.5 Externe Unterstützung für die Eltern

Im Kindesschutzzentrum werden die Eltern dahingehend beraten, nicht in Aktionismus zu verfallen, sondern gemeinsam mit Lina einen Plan zu entwickeln. Um die möglichen erlebten Belastungen kurzfristig zu reduzieren, sollten sie mit ihrer Tochter konkrete Problemlösungsstrategien entwickeln. Falls Lina zunächst nicht mit ihren Eltern reden will, könnten die Eltern ihre Tochter darin bestärken, sich in einem Online-Hilfeportal, wie z. B. Juuuport, mit Gleichaltrigen über ihre Erlebnisse auszutauschen. Dort werden Jugendliche mit Sorgen und Nöten, insbesondere zu den Themen Cybermobbing von anderen Jugendlichen beraten. Ziel ist es, durch eine aktive Auseinandersetzung eine Veränderung der Situation zu erreichen (instrumentelles Coping).

Auch werden die Eltern beraten, wie sie konkret auf ein mögliches Cybermobbing reagieren können, z. B. indem möglichst vorhandene Daten gesichert werden (beispielsweise Screenshots). Falls Hassgruppen eine Rolle spielen, sollte der Provider darüber informiert werden. Die Eltern sollten in jedem Fall aber mit der Schule in einen konstruktiven Austausch gehen.

Um Selbstbeschuldigungen, gedankliche Weiterbeschäftigung, Katastrophisierung und Vermeidungsverhalten zu verhindern, kann im Alltag ein kognitives Umstrukturieren weiterhelfen (emotionales Coping). So sollten die Eltern aufmerksam ungünstige Äußerungen, wie »Ich bin schuld« oder »Das wird nie mehr gut« aufgreifen und im Dialog durch eine Prüfung und Richtigstellung verändern.

Begleitend werden den Eltern im Rahmen der Beratung regenerative Copingstrategien wie aktive Entspannungsübungen und Meditationsübungen empfohlen, um in dieser belastenden Phase wieder neue Kraft zu schöpfen.

4.2.6 Elterngespräch mit Lina

Erfahrungsgemäß sind Kinder viel eher bereit, Probleme oder unangenehme Erfahrungen zu besprechen, wenn sich ihre Eltern als informiert zeigen. Wesentlich hierbei ist aber das gegenseitige Vertrauen – ein erhobener Zeigefinger, Hysterie oder Verbote sind keine förderlichen Reaktionsweisen.

Die inhaltliche Vorbereitung aus der Beratung zum Thema Cybermobbing stärkt die Eltern, um Lina anzusprechen. Im Gespräch, das die Eltern mit ihrer Tochter führen, wird sehr schnell klar, dass Lina durch Mitschüler*innen online unangenehme Dinge erlebt, beleidigt und verleumdet wird. Die Eltern sind sehr berührt und erklären ihrer Tochter aber ruhig und klar, dass es sich um ein absolut inakzeptables Verhalten ihrer Mitschüler*innen handelt. Durch das vertrauensvolle und informierte Gespräch mit den Eltern fühlt sich Lina in ihrer Situation verstanden. Zum Ende des Gesprächs bittet Lina darum, dass gemeinsam mit Frau K. eine Lösung gefunden wird. Sie erlebte das aufrichtige Interesse von Frau K. als sehr positiv und vertraue ihr. Es wird ermöglicht, dass bereits am nächsten Tag ein gemeinsames Treffen zu Hause bei Lina stattfinden soll.

4.3 Pädagogisches Vorgehen

Nachdem die Situation hinreichend geklärt ist, besteht das Ziel der schulischen Anstrengungen in der Bewältigung der Cybermobbing-Situation. Hierzu soll Lina als Betroffene individuelle Unterstützung und Hilfe erhalten, d. h. die Cybermobbing-Situation in der Klasse muss aufgelöst und präventive Maßnahmen müssen initiiert werden. Die wesentlichen Methoden, um dieses Ziel zu erreichen, bestehen in der Umsetzung dieser Schritte:

- Einbindung der involvierten Personen
- Handeln auf den Ebenen Opfer, Täter*innen und Klassenumfeld (Anti-Mobbing Beratung/Training)
- Resilienzförderung
- Schutz und Vorbeugung: Aktionsplan Cybermobbing Prävention.

4.3.1 Einbindung der involvierten Personen

Der Lösungsweg für Linas Situation liegt darin, alle Beteiligten in das Vorgehen miteinzubeziehen. Da sich eine offensichtliche Spaltung der Klasse vollzieht, erfordert dies ein Vorgehen auf verschiedenen Ebenen.

Betroffene und deren Familie
Frau K. macht gegenüber Lina und ihren Eltern unmissverständlich deutlich, dass die Schule im Prozess der Bewältigung ihre Verantwortung übernimmt. Diese Haltung hat sie mit allen Beteiligten der Schule, d. h. im Lehrkräftekollegium und mit der Schulleitung so vorher besprochen. Das weitere Vorgehen und die Planung des Prozesses wird mit Lina abgestimmt. In einem Gespräch, bei dem Lina, ihre Eltern, Frau K. und der an der Schule tätige Schulpsychologe teilnehmen, werden die erforderlichen Handlungsschritte festgelegt. Thematisiert werden dort der Verbleib Linas in der Klasse, der

Umgang mit den Täter*innen und der Klasse, die davon wusste, aber das Cybermobbing gewissermaßen geduldet hat. Es wird entschieden, dass das Geschehen in der Klasse angesprochen werden muss und Lina die Erwartung hat, dass die Täter*innen sich verantwortlich zeigen.

Was die persönliche Bewältigung des Vorgefallenen betrifft, so ist sie zwar weiterhin niedergeschlagen, möchte aber auf keinen Fall die Schule oder die Klasse wechseln, da sie befürchtet, »hierdurch als hilfloses Opfer dazustehen«. Ihre Eltern sowie der Schulpsychologe raten ihr, Unterstützung durch einen externen Berater, z. B. aus dem Kinderschutzzentrum anzunehmen. Lina entscheidet sich dann tatsächlich zu diesem Schritt und vereinbart einen Termin im Kinderschutzzentrum. Sie trifft sich dort mit einem Experten, den sie zuvor per Mail über die Lage informiert hat. Dies hilft ihr sehr, die ersten Hürden und »Hemmungen« bei ihr zu überwinden. Nach diesem Gespräch entscheidet sie sich, die Situation selbst mit den Täter*innen klären zu wollen.

*Cybermobber*innen und deren Eltern*

Ein Ende des Cybermobbing kann nicht gelingen, bevor die Täter*innen zu ihrer Tat stehen und Verantwortung übernehmen. Die Täter*innen und ihre Eltern müssen außerdem in die Lösungsfindung eingebunden werden, denn Ziel ist es, dass die Cybermobber*innen ihre Taten und deren Wirkung verstehen. Hierbei müssen auch ihre Eltern die dramatischen Auswirkungen auf Lina und den gesamten Klassenverband verstehen und anerkennen. Leider sind Eltern oft nicht bereit, das Fehlverhalten ihrer Kinder zu erkennen und einzugestehen, obwohl es für den weiteren Entwicklungsprozess der mobbenden Kinder/Jugendlichen sehr wichtig ist, dass auch ihre Eltern sich klar gegen Mobbing positionieren. Es ist also wesentlich, diesen Aspekt den Eltern glaubwürdig nahe zu bringen.

Frau K. erhält nach Rücksprache mit dem Kollegium und der Schulleitung den Auftrag, Kontakt zu den betroffenen Eltern aufzunehmen. Sie bittet also zunächst bei den Eltern der Haupttäter*innen um einen persönlichen Gesprächstermin. Es wird vereinbart, sich bei den Eltern zu Hause zu treffen. Während des Gesprächs schildert Frau K. neutral, d. h. mit bewusstem Verzicht auf eine Bewertung, die als

Vorwurf interpretiert werden könnte, die aktuelle Situation und die vorangegangenen Vorfälle zwischen ihrer Tochter und Lina. Frau K. berichtet, dass vermutlich die enttäuschte Verliebtheit, misslungene Kommunikation und die fälschliche Annahme zu Linas Intentionen und Gefühlen die maßgeblichen Motive für die Cybermobbing Aktionen waren. Frau K. geht sensibel vor, bekräftigt allerdings, dass es sich um ein inakzeptables Verhalten handelt, das zu einer extremen psychischen Belastung bei Lina geführt hat. Die Eltern reagieren spontan bestürzt und befürchten eine eigene Teilschuld. Frau K. beruhigt die Eltern und bringt ihnen nahe, dass es für die persönliche Entwicklung ihrer Tochter wichtig ist, dass sie ihr Fehlverhalten erkennt und sie aufrichtig versteht, was sie Lina angetan hat und warum es aus Sicht der Betroffenen extrem belastend ist. Von herausragender Bedeutung ist, dass Empathie gegenüber Lina entsteht und eine Verfestigung der aggressiven Cybermobbinghandlungen verhindert werden kann. Wenn dies nicht gelingt, kann das weitere Verhalten gegenüber anderen Mitschüler*innen, Freund*innen oder auch künftigen Kolleg*innen negativ beeinflusst werden. Die Gefahr besteht darin, künftig Beziehungsprobleme auf diese Weise zu »lösen«, dass sich fehlende Konfliktfähigkeit und Aggression als Strategie fatal ergänzen. Frau K. erklärt, dass dies als Entwicklung bei vielen der mobbenden Jugendlichen festzustellen sei.

Trotz des Schocks über das Verhalten ihrer Tochter, das sie nicht für möglich gehalten hätten, fühlen die Eltern sich bei Frau K. gut aufgehoben. Da sie auch deren Ängste und Sorgen versteht und ihnen deutlich macht, dass sie und die Schule die Situation im positiven Sinne lösen und auch sie und ihre Tochter unterstützen wird, stimmen sie einem gemeinsamen Gespräch mit ihrer Tochter zu. Zunächst aber wollen sie dies selbst ansprechen und bitten Frau K. um Hilfestellung. Unter anderem weist sie die Eltern darauf hin, sich professionell beraten zu lassen, um Fehler während des Gesprächs wie z. B. eine Überreaktion zu vermeiden.

Die Gespräche mit den beiden Elternpaaren der Mittäter*innen verlaufen hingegen anders. Insbesondere die Väter zeigen sich nicht überzeugt, finden die Reaktionen zum Teil überzogen, z. B. sei es doch

»alles nicht so schlimm« oder manches müsse man »eben im Leben aushalten«. Frau K., die auf Grund ihrer Vorgespräche sehr gut vorbereitet ist, versucht klarzumachen, dass Cybermobbing kein Kavaliersdelikt, sondern eine Straftat ist, von der Minderjährige nicht ausgenommen seien. Die Folgen für die Opfer seien oft dramatisch, so denke jeder vierte betroffene Jugendliche an Suizid. Frau K. zeigt ein Video der Mutter eines österreichischen Jungen, der sich wegen Cybermobbing das Leben genommen hat (https://www.youtube.com/watch?v=xIuu-IpyVS0). Sie gibt zudem Informationen, die sie in Form einer Broschüre vom Kinderschutzzentrum erhalten hat, an die Eltern weiter mit dem Hinweis, sich selbst gerne mit dem entsprechenden Experten in Verbindung setzen zu können. Obwohl die Eltern allmählich überzeugter scheinen, entscheidet Frau K., dass es ratsam ist, mit den Eltern der beteiligten Mitläuferinnen ein Gespräch mit dem Schulpsychologen und dem Schulleiter zu führen. Ein Termin wird vom Direktor der Schule koordiniert und ein Treffen mit den drei Elternpaaren nur wenige Tage später vereinbart. Diese Gespräche zeigen klare Wirkung; die Eltern unterstützen die Schule darin, die Situation gemeinsam zu lösen. Sie äußern, dass ihre ersten Gespräche mit den Mädchen bereits durchaus Effekte gezeigt hätten und alle drei Mädchen ein Schuldbewusstsein entwickelt haben.

Mitschüler*innen, Beobachter*innen und Bystander
Cybermobbing geschieht in einer Klasse nicht unbeobachtet und auch nicht ohne dass dies bekannt wird. Ein Großteil der Schüler*innen registriert, dass etwas passiert, und ist insofern direkt oder indirekt an den Handlungen beteiligt (Salmivalli et al., 1996). Ein*e Schüler*in gilt als involviert, sobald er/sie von den aggressiven Übergriffen weiß. Dabei muss er/sie nicht aktiv an den Mobbingaktionen beteiligt sein. Greift niemand aus der Klasse in die Geschehnisse ein, deuten die Täter*innen die Untätigkeit ihrer Mitschüler*innen als ein Akzeptieren des gezeigten Verhaltens. Somit tragen auch jene Schüler*innen, die sich aus den Geschehnissen heraushalten, zum Fortbestehen von Mobbinghandlungen bei. Deshalb sind neben den Betroffenen (Opfern) und den Täter*innen auch die anderen Beteiligten für die Auflösung der Situation zu beachten.

Die präzise Wiedergabe der Vorfälle zeigt Frau K., dass verschiedene Mitschülerrollen (Participant Roles) zuordenbar sind. Neben der Betroffenen Lina werden folgende Probullying-Mitschülerrollen sichtbar:

- Cyberbully (Haupttäterin) Irma
- Assistenten/Unterstützer (Assistant) die zwei Freundinnen der Mädchenclicque
- Die Rolle der Verstärker (Reinforcer) nehmen diejenigen Mitschüler*innen ein, die Teil der WhatsApp-Gruppe sind, die Inhalte weiterschickten und davon wussten, aber nichts dagegen getan haben.
- Die Antibullying-Mitschülerrolle nimmt im vorliegenden Fall derjenige Mitschüler ein, der Lina auf das Geschehen aufmerksam macht, auch wenn er sie in diesem Fall nicht direkt verteidigt (Defender) sowie
- Die Außenstehenden (Outsider): Der Rest der Klasse, der nicht in das Geschehen involviert war, auch nicht als Teil der WhatsApp Gruppe.

Alle Beteiligten müssen in die Lösungsstrategie eingebunden werden.

4.3.2 Handeln gegenüber Betroffenen, Täter*innen und im Klassenumfeld

Für die erfolgreiche Aufarbeitung und langfristige Lösung der Situation zwischen den unmittelbar Beteiligten sowie die Entwicklung eines präventiven Umfeldes mit resilientem Klassenklima sind folgende Schritte notwendig:

- Klärung zwischen Opfer und Täter*innen
- abgestimmtes Präventions- und Resilienz-Programm
- Bearbeitung des Cybermobbing in der Klasse

- externe Begleitung durch einen Experten z. B. des Kinderschutzzentrums für eine Fortbildung des Kollegiums
- Entwicklung eines Beratungsteams mit jugendlichen Cyberscouts/Cybermentoren

Individuelle Aufarbeitung der Taten
Zunächst soll eine Klärung der Situation zwischen Lina und den Täter*innen erfolgen. Nach den Einzelgesprächen mit den Jugendlichen und ihren Eltern, in denen alle ihre Sichtweisen und Einschätzungen der Tat formulieren, erfolgt eine individuelle Aufarbeitung. Lina wie auch die Cybermobberinnen müssen eine schriftliche Stellungnahme abgeben. Sie sollen dort ihre Sicht der Dinge schildern: Was ist wann, wo und warum passiert? Wichtige Punkte für beide Seiten liegen in einer möglichen Dynamik der Ereignisse und in den Emotionen, die in ihnen wachgerufen wurden, d. h. was haben sie gefühlt vor den Taten und danach. Es wird zudem nach möglichen Zweifeln der Cybermobberinnen gefragt bzw. ob sie das Gefühl hatten, zu weit zu gehen. Zudem bekommen die Cybermobberinnen die Aufgabe, sich in Linas Situation hineinzuversetzen mit den Zielen der Perspektivenübernahme und Empathieentwicklung: Wie würden sie sich an Linas Stelle fühlen und was würden sie tun? Diese schriftlichen Statements sind die Basis für das weitere Vorgehen, also dem Schlichtungsgespräch, dessen Ziel in einer Wiedergutmachung besteht und in einem psychologischen Täterinnen-Opfer Ausgleich.

Schlichtungsgespräch mit dem Ziel der Wiedergutmachung
Im nächsten Schritt erfolgt die Aufarbeitung über ein Schlichtungsgespräch mit dem Ziel eines konkreten Ergebnisses zur Wiedergutmachung. Das Schlichtungsgespräch findet unter Leitung des Schulpsychologen und in Anwesenheit von Frau K. als Vertrauensperson statt. Als Mediator oder Vermittler wurde der ansässige Schulpsychologe ausgewählt, da er in den Gesamtprozess von Beginn an eingebunden war und außerdem über Kompetenzen im Bereich der Konfliktberatung und des Täter*innen-Opfer-Ausgleichs verfügt. Alternativ hätte ein Experte des Kinderschutzzentrums zur Verfügung gestanden.

Da sich alle Seiten zu diesem Treffen bereit erklärt haben, ist es Aufgabe des Vermittlers, das Ausgleichsgespräch zu organisieren. Dies beinhaltet die Pataufarbeitung und Konfliktschlichtung: Gegenseitige Vorbehalte sollten ausgeräumt, Ängste abgebaut und Chancen erkannt werden. Hierzu gehört die Entwicklung einer gemeinsamen Vorstellung darüber, wie die Aktionen des Cybermobbings wiedergutgemacht werden können. Der Vermittler sollte den Beteiligten Raum für eigene Vorschläge lassen und gleichzeitig auf ein Ergebnis hinarbeiten, das am Ende schriftlich niedergelegt wird. Zur Aufarbeitung der Tat und Klärung der Konfliktsituation wird im Schlichtungsgespräch mit allen Beteiligten gemeinsam über die Handlungen sowie die Entwicklung/Dynamik und die individuellen Motive gesprochen. Die Beteiligten sollen selbst einen positiven Weg aufzeigen, wie sie in Zukunft miteinander umgehen können, um auch das Zusammenleben in der Klasse zu ermöglichen.

Zunächst werden die subjektiven Sichtweisen dargestellt und zur Kenntnis genommen, wie sie durch die Täter*innen und die Betroffene artikuliert werden. Wesentlich hierbei ist es, dass die Emotionen und Einschätzungen der Beteiligten deutlich werden. Die Täter*innen erleben, weshalb Lina tief verletzt ist und müssen die psychischen Auswirkungen des Cybermobbings verstehen und einordnen. Für Lina soll nachvollziehbar werden, worin die persönlichen Beweggründe für die Tat lagen. Klärung und Auseinandersetzung finden in einem neutralen Rahmen statt und das Gespräch wird auf der Basis eigener Einsicht und Freiwilligkeit geführt. Nur so kann Eigenverantwortung gefördert werden und ein Ausbalancieren von Ungleichgewichten gelingen, sodass die Täter*innen- und Opferrollen jeweils keine dominante Rolle mehr spielen. Die als Vermittler tätige Person (hier der Schulpsychologe) hilft, die eigenverantwortlichen Lösungen zu entwerfen. Sie trägt die Verantwortung für den Verlauf des Ausgleichsprozesses, stärkt die Autonomie der Parteien und sorgt für den konstruktiven Umgang untereinander. Sie handelt neutral, d. h. es gilt eine strikte Rollentrennung und es darf keine Überschneidung von Vermittlung und Betreuung einer Partei geben.

Da zu Beginn eines Schlichtungsgespräches verständlicherweise eine angespannte Atmosphäre besteht und Emotionen wie Wut, Angst oder Ärger vorherrschen, versucht der Vermittler, den Einstieg in das Gespräch zu erleichtern. Hierzu helfen die schriftlichen Statements beider Parteien. Nach Klärung der Regeln – jede*r spricht nach Aufforderung und in einer festgelegten Reihenfolge – hilft der Schulpsychologe Lina dabei zu beginnen, ihre Sicht der Dinge zu schildern:

- Wann hat sie was bemerkt?
- Was hat sie dabei gedacht?
- Wie hat sie sich gefühlt?
- Hat sie versucht, Gründe zu finden? (Warum haben die anderen das wohl gemacht?)
- Wie wurde sie informiert und gewarnt?

Danach schildern die Cybermobberinnen ihre Sicht der Dinge. Sie bestätigen, dass sich auf Grund der völlig falsch eingeschätzten Situation – des vermeintlichen Verliebtseins von Lina – eine Dynamik entwickelt hat, d. h. Eifersucht war die Antriebfeder. Schnell wird klar, dass eigentlich sich verstärkende Missverständnisse zu dem Handeln geführt haben. Die Haupttäterin gesteht ein, dass sie wütend auf Lina war und sie in ein falsches Licht rücken wollte. Über das Ausmaß ihrer Handlungen war sie sich nicht bewusst. Sie hat nicht darüber nachgedacht, dass auf einmal so viele darüber Bescheid wussten und zunehmend eine Distanz zu Lina gespürt, da der Kontakt zu Lina immer seltener stattfand und sie nur über anonyme SMS oder auf WhatsApp die Fotos oder verletzenden Statements verbreitet hat. Fehlendes Empfinden und Verstehenkönnen (digitale Empathie) haben bei ihr bewirkt, dass sie sich nicht mehr stoppen konnte und auch die beiden anderen beteiligten Mädchen immer stärker mit hineingezogen hat.

Während des Gesprächs macht der Vermittler deutlich, dass die Cybermobbing-Handlungen (Verleumden, lächerlich Machen und intime Fotos Veröffentlichen) Straftatbestände sind. Die Täter*innen zeigen sich betroffen und betonen, auch dies nicht gewusst zu haben.

Dass ihre Taten schwerwiegende psychische Folgen haben würden, war ihnen ebenso nicht klar. Als die Mädchen versuchen, sich in Lina hineinzuversetzen und in ihrer Vorstellung das zu durchleben, was Lina erlebt haben dürfte, entsteht bei den Mädchen Schuldbewusstsein und Schamgefühl. Sie bestätigen, dass sie selbst nicht in Linas Situation gewesen sein wollen. Die Rollenübernahme löst bei beiden Seiten starke Emotionen aus, auch weil ihnen dabei bewusst wird, dass sie eigentlich befreundet waren und sich mochten. Ob sich dieser Zustand wieder einstellen wird, ist nicht klar, aber sie sind aufrichtig bereit, Konflikte oder Missverständnisse in der Kommunikation künftig offen anzusprechen und zu versuchen, diese mit Worten und Argumenten zu klären.

Zum Abschluss wird eine Vereinbarung getroffen: Die Cybermobberinnen sind bereit für den Versuch, das Geschehene wieder gut zu machen. Die Haupttäterin macht initiativ den Vorschlag, sich öffentlich für die Handlungen zu entschuldigen, auch bei den anderen Mitschüler*innen, die sie über die WhatsApp-Gruppe mithineingezogen habe. Auch gegenüber dem Jungen, um den es ging, wird sie alles richtigstellen. Außerdem werde sie allen Mädchen in ihren Facebook- und WhatsApp Gruppen mitteilen, dass das, was sie über Lina verbreitet habe, nicht zutrifft und erfunden war. Es sei dumm von ihr gewesen und es tue ihr leid.

Lina macht die Anregung, ob man nicht gemeinsam dabei helfen soll, eine Informationsveranstaltung für jüngere Klassen zu planen, um über Cybermobbing, welche Auswirkungen es für Betroffene habe, und auch darüber, wie schnell man Täter*in werden kann, aufzuklären und was man in Zukunft tun kann, damit es an dieser Schule nicht mehr passiert. Sie wollen zudem bei dem geplanten Präventionsprojekt »Cyberscouts als Beratungsteam« mitarbeiten.

Das Ausgleichsgespräch verlief in diesem Fall außerordentlich positiv, was allerdings nicht zwingend der Fall ist. Die Einsicht der Täter*innen ist der wichtigste Schritt zur Veränderung der Situation. Die kurze Zusammenfassung des Gesprächsverlaufs konnte zeigen, dass beide Seiten die schwierige Situation gut bewältigt haben. Wichtig dabei wird in den kommenden Wochen sein, dass alle

Beteiligten ihre Erkenntnisse in ihren Alltag integrieren und sich ihre belastete Beziehung verbessern kann. Der Vermittler und auch Frau K. betonen, dass sie für weitere mögliche Probleme oder Fragen zur Verfügung stehen.

Die zum Ende gemeinsam zu verfassende schriftliche Vereinbarung wird von allen Seiten unterschrieben. Der Vermittler macht hierzu klar, dass er sich in der Pflicht sieht, das Umsetzen der gemeinsamen Absprachen zu begleiten. In einem Abschlussbericht, den auch die Eltern erhalten, fasst er gemeinsam mit Frau K. den Verlauf zusammen.

4.3.3 Resilienzförderung

Nach dem erfolgreichen Schlichtungsgespräch erfolgt die Umsetzung der Vereinbarung, auch eine gezielte Resilienzförderung für alle Beteiligten. Hierdurch soll das Risiko einer Täterschaft sowie des Opferwerdens verringert werden.

Resilienzförderung Lina
Lina wird das Angebot eines Resilienztrainings mit Hilfe eines Experten des Kinderschutzzentrums annehmen. Eine Stärkung des positiven Selbstbilds und Selbstbewusstseins, der Selbstkompetenz und Überzeugung in die eigenen Fähigkeiten hat zur Folge, dass belastende Erfahrungen, Stress und Krisen besser gemeistert werden. Sie lernt zudem Bewältigung durch Ressourcenaktivierung, eine effektive Suche nach handelnden Lösungsmöglichkeiten und *sozialer Unterstützung*.

Ein belastbares Beziehungsnetzwerk, das keinen Zweifel an der Unterstützung lässt, vermittelt ein Gefühl der Sicherheit, führt zu mehr Selbstvertrauen und senkt die Wahrscheinlichkeit von Mobbingattacken. Täter*innen haben es hier deutlich schwerer, eine Angriffsfläche zu finden. Lina entwickelt für sich des Weiteren einen Erste-Hilfe-Plan und legt dort fest, an wen sie sich z. B. in Problemsituationen vertrauensvoll wenden kann, wer ihr helfen und sie unterstützen wird.

Resilienzförderung Cybermobberinnen
In Absprache mit den Täter*innen und ihren Eltern wird der Schulpsychologe ein Resilienztraining durchführen (siehe Anhang Resilienztraining Cybermobber*innen). Die Ziele bestehen darin, soziale Kompetenzen zu fördern und eine Befähigung zu einem offenen Miteinander und zur konstruktiven Auseinandersetzung mit anderen. Kompetenzen wie Team-, Kontakt- und Kritikfähigkeit sowie die Bereitschaft zur Akzeptanz anderer Meinungen sollen gestärkt werden. Von Bedeutung wird ebenfalls sein, ihre Neigung zu impulsivem Handeln zu mindern, denn ein wichtiger Schutz vor Mobbing liegt in der Impulskontrolle bei negativen Emotionen. Die betroffenen Mädchen arbeiten auch an ihrer Tendenz zu einer verzerrten sozial-kognitiven Wahrnehmung, u. a. Personen/Mitschüler*innen/Freund*innen negative Absichten zu unterstellen.

Anti-Cybermobbing Training in Linas Klasse
Das Anti-Cybermobbing Training in Linas Klasse beabsichtigt in erster Linie, die Schüler*innen darin zu schulen, Cybermobbing zu erkennen. Sie sollen ihr eigenes Verhalten kritisch hinterfragen, um zu verstehen, wie belastend es wirken kann. Sie erlernen Strategien zur Hilfestellung und Unterstützung, um bei Cybermobbing bereits am Anfang intervenieren zu können.

Zum Einstieg in die Thematik Cybermobbing wird den Schüler*innen eine Hausaufgabe gestellt. Jede*r soll sich zunächst generell mit der Thematik Cybermobbing befassen. Eine genaue Fragestellung wird nicht erteilt und es wird Wert auf die eigene Auseinandersetzung gelegt. In der Klasse werden dann die Ergebnisse diskutiert:

- Was wird zum Thema Cybermobbing überhaupt gefunden? (z. B. prominente Opfer, Kino/TV-Filme oder Clips auf Youtube, Zahlen und Daten, Präventionsprogramme, Hilfen, Blick in andere Länder usw.)
- Was ist Cybermobbing eigentlich? Wie kann es aussehen?
- Welche Beteiligten gibt es?
- Welche Motive für Cybermobbing kann es geben?
- Was empfinden Täter*innen und Betroffene dabei?

Mehrere Schüler*innen führen Protokoll und halten die Erkenntnisse fest. Ihre Aufgabe ist es auch, eine Zusammenfassung dieses ersten Teils des Workshops in Form einer virtuellen Präsentation zu verfassen. Sie wird später Teil einer gesamten Endpräsentation sein, die nicht nur im Plenum der Klasse vorgeführt, sondern auch für einen Infotag der gesamten Schule sowie einen Elternabend genutzt wird.

Der zweite Teil des Workshops befasst sich in der Klasse mit dem konkreten Verlauf von Cybermobbingverhalten, den unterschiedlichen Rollen, den Gefühlen und dem Warum. Dazu werden Schüler*innen in einem Rollenspiel die Perspektivenübernahme üben. Bekanntlich wollen die wenigsten die Rolle des Opfers übernehmen. In zwei Gruppen aufgeteilt, sollen sich die Schüler*innen selbst eine Cybermobbingsituation überlegen, ein Skript schreiben und die Situation dann vor der Klasse spielen. Im Anschluss werden die unterschiedlichen Cybermobbingsituationen diskutiert:

- Was ist daran schlimm?
- Warum handeln die Täter*innen so?
- Warum machen andere mit?
- Wieso ist helfen so schwierig?

Für den zweiten Teil des Workshops wurde ein neues Protokollanten-Team gebildet, das wieder die Aufgabe hatte, die Ergebnisse der Diskussion im Plenum zusammenzufassen und in eine Präsentation zu formen.

Im dritten Teil geht es darum, in Form von Fokusgruppen bzw. Qualitätszirkeln Maßnahmen zur Vorbeugung und Intervention von Cybermobbing an der eigenen Schule zu entwickeln. In dieser Gruppenarbeit sollten sich die Schüler*innen gezielt damit auseinandersetzen, was in den Klassen und in der Schule insgesamt konkret umgesetzt werden sollte und welche Ressourcen benötigt werden (Technik, Manpower, externe Ansprechpartner*innen oder Kooperationen mit anderen Schulen etc.). Um die Schule insgesamt stärker mit einzubinden, wurden weitere Kolleg*innen von Frau K. in das

Team aufgenommen, die jeweils eine Leitungsrolle innerhalb der Gruppen übernahmen. Diese Gruppen wurden eingeteilt in

* Gruppe Prävention 1: Wie können wir an unserer Schule die Schüler*innen aufklären (unter Rücksicht auf unterschiedliche Altersstufen)?
* Gruppe Prävention 2: Wie können wir Empathie lernen und andere schulen?
* Gruppe Intervention 1: Wie können wir Betroffenen helfen? Was brauchen wir?
* Gruppe Intervention 2: Wie können wir Cybermobbing in der Klasse stoppen?

Die Schüler*innen wurden aufgefordert, sich mit den Themen auseinanderzusetzen und praktische Lösungen zu finden. Angeregt auch durch das Schlichtungsgespräch und die Lösung von Linas individueller Situation, die Präventionsarbeit in der Klasse und die Lehrerfortbildung wurden wichtige Konzeptvorschläge für die gesamte Schule entwickelt. So möchten die Jugendlichen zukünftig verantwortungsvolle Aufgaben stärker auf sich selbst übertragen. Man fand auch die Idee ein Beratungsteam (Cyberscouts) aufzubauen sinnvoll, das als Anlaufstelle für Cybermobbing dient, aber auch andere schulische Probleme aufnehmen kann. Dieses Team soll an der Schule erkennbar sein, anhand bestimmter Kleidung und Kappen, und vor allem auch online erreichbar sein. Auch ein Aufklärungsmodul soll entwickelt werden, inklusive Videoclip und Rollenspiel für die Jüngsten der Schule (5./6. Klasse) sowie ein Elternabend zum Thema Cybermobbing, der von den Schüler*innen selbst durchgeführt wird.

4.3.4 Prävention

Prävention im Schulumfeld
Die Schulleitung und das Kollegium entscheiden, dass ein Experte des Kinderschutzzentrums Workshops mit einer Gruppe von Lehrkräften

durchführt, um sie für ein Schüler*innentraining zu qualifizieren. Dieses Training fokussiert darauf, ein mobbingfreies Klassenklima zu erzeugen und Lernmethoden gegen Cybermobbing in der Schule einzusetzen. Es ist auch geplant, das Programm Medienhelden fest in der Schule zu etablieren (siehe https://www.medienhelden.info). Das gesamte schulische Umfeld wird zukünftig sichtbare Standards umsetzen: Mobbing und Cybermobbing werden nicht akzeptiert, Betroffene nicht alleine gelassen, sondern dabei unterstützt, gegen die Täter*innen vorzugehen. Dies schafft eine Atmosphäre der Sicherheit und Hilfsbereitschaft und macht Betroffenen Mut, sich gegen Cybermobbing zu wehren.

Schüler*innen erlernen ein Verständnis der dramatischen Auswirkungen, die Cybermobbing haben kann. Die Motivation von eigentlich Unbeteiligten wird gefördert, um selbst einzuschreiten und digitale Zivilcourage in verschiedener Form zu zeigen. Jugendliche, die beobachten, dass jemand Opfer von Cybermobbing geworden ist, sollten den Mut entwickeln, diese zu unterstützen. Wichtig ist eine klare Message zu vermitteln: »Ich weiß was abläuft und ich bin für dich da!«. Bereits dieses Signal wirkt sich positiv auf die psychische Situation der Betroffenen aus. Die Erkenntnisse aus der spezifischen Arbeit in Linas Klasse helfen dabei, die verschiedenen Aspekte eines umfassenden Präventionsmanagements umzusetzen.

Prävention in der Elternarbeit.
Die Schule initiiert aufgrund der bisher erworbenen Erkenntnisse eine Ergänzung der Elternarbeit, die künftig drei Aspekte beinhalten soll:

- Peer-to-parent-Education: Jugendliche informieren und schulen ihre Eltern
- Elterntraining Workshop
- Beratungsangebote – online und offline.

Das Konzept Peer-to-parent-Education beinhaltet, dass Jugendliche die eigenen Eltern schulen und informieren. So können sich in der Elternaufklärung Kinder und Jugendliche sehr vorteilhaft für die

Schularbeit einsetzen. Auch beklagen Schulen vielfach, dass nur wenige Eltern präsent sind, wenn Informationsveranstaltungen angeboten werden. Dies kann zum Teil dadurch verändert werden, dass nicht die Schule einlädt, sondern die eigenen Kinder, z. B. zu einem Cybermobbing-Info-Abend. Die Erfahrungen zeigen, dass mehr Eltern teilnehmen, wenn die eigenen Kinder aktiv an Projekten oder Aufklärungsarbeit beteiligt sind (Peer-to-Parent-Education).

Um den Risiken von digitalen Fehlentwicklungen (Cybermobbing, Cybergrooming, Suchtverhalten etc.) vorzubeugen, wird ein Elterntraining-Workshop durchgeführt, der über mediale Risiken aufklären sowie das Erkennen von Konflikten und Problemen der Kinder schulen soll. Eltern erhalten dort Hilfe und praktische Handlungsvorschläge, wie sie angemessen mit Problemverhalten ihrer Kinder umgehen können. Zu den Inhalten eines Elterntrainings gehören das Erlernen und Vermitteln eines kritischen Blicks für digitale Inhalte, ob auf YouTube, Facebook, Instagram oder TikTok. Kinder und Jugendliche sollen lernen, zwischen Fiktion und Echtheit zu unterscheiden, sie müssen ein sozial verantwortungsvolles Medienhandeln und eine kritische Medienbeurteilung entwickeln. Dafür sind die Eltern in besonderem Maße gefordert. So sollten Eltern und Kinder gemeinsam das Internet erkunden, die Vorlieben der Kinder (z. B. besuchte Websites) miteinander besprechen oder sich darüber austauschen, was ihnen an welchem Webangebot besonders gut oder gar nicht gefällt. Ein langsames und bewusstes Heranführen an die neuen Medien durch die Eltern führt zu weniger Cybermobbing auf der Täter*innen- und auf der Opferseite (Schneider et al., 2013; Leest & Schneider, 2017). Hilfreich sind ein genauer Zeitplan sowie Nutzungsregeln, damit von vorneherein klar ist, dass stundenlanges, unablässiges Sitzen vor dem Bildschirm nicht gesund ist, Konzentration und Lernfähigkeit belastet und Unzufriedenheit fördern kann. Auch der Einsatz von Schutzapps kann gerade für Kinder im Grundschulalter sinnvoll sein (z. B. Qustodio). Folgende Nutzungsregeln sollten gleichfalls Bestandteil des Workshops sein:

- Möglichst nicht zu viele private Daten verbreiten, vor allem nicht an Fremde weitergeben, wie z. B. Alter, Adresse, Urlaubsort, Telefon, Schule, Körpergröße, Gewicht oder Körbchengröße.
- Keine zu persönlichen Fotos veröffentlichen (z. B. im Bikini, am Strand, in Unterwäsche, oben ohne). Überlegen, ob es sinnvoll ist, ein Fotobuch mit Hunderten von Familienfotos zu veröffentlichen. Vor allem Grundschüler sollten davon noch keinen Gebrauch machen!
- Passwörter nicht anderen mitteilen, auch nicht an Freunde weitergeben. Denn auch, was einmal als Spaß begonnen hat, kann böse enden.
- Sicherheitseinstellungen für den privaten Bereich unbedingt beachten!
- Wichtig: Je mehr Freunde man hat, desto mehr können das Profil einsehen!
- Überlegen, was man im Netz veröffentlicht, denn es bleibt ein Leben lang online!
- Konflikten auf Facebook & Co. aus dem Weg gehen, diese nicht eskalieren lassen, sondern mit anderen darüber reden und sie notfalls dem Provider mitteilen.
- Nicht jeden, der eine E-Mail oder Kontaktanfrage schickt, sofort in die Freundesliste aufnehmen: Ein gesundes Misstrauen ist durchaus wichtig, denn man weiß ja nie, wer sich hinter dem Nickname oder dem Profilbild tatsächlich verbirgt.
- Strategien von Täter*innen sollten ebenfalls thematisiert werden, häufig wird gezielt eine Freundschaft aufgebaut, um private und intime Informationen oder Fotos zu erhalten und diese dann später für Cybermobbing gegen diese Person einzusetzen
- Auch sollte man ab und zu nach seinem eigenen Namen suchen, um zu schauen, ob nicht ein Profil existiert, das man selbst gar nicht erstellt hat (z. B. über www.yasni.de): Dann ist Vorsicht geboten!

Eine zusätzliche Säule der Elternarbeit betrifft das Beratungs- und Informationsangebot. Dazu dienen

- regelmäßige Newsletter zu Abläufen, Neuigkeiten und Entwicklungen an der Schule (z. B. Präventionsarbeit, Trainings für Lehrkräfte und Eltern, Schülerberatung etc.)
- Informationen auf der Schulwebseite zu Beratungs- und Unterstützungsangeboten für Schüler*innen und Eltern in der Schule
- Kontaktdaten zu Kinderschutzzentrum und Online- Plattformen wie Juuuport, save me online/N.I.N.A e.V. oder Cybermobbinghilfe.

Es werden Elternscouts etabliert als ein Team aus Schüler*innen, das die Informationsarbeit übernimmt und face to faceVeranstaltungen organisiert. Auch eine digitale Sprechstunde für Eltern zu Online-Problemen findet statt.

4.4 Schlussbetrachtung und Auswertung

Hinsichtlich des Kontakts zwischen Lina und den Mobberinnen zeigen sich deutliche Verbesserungen. Eine Wiederbelebung der Freundschaft ist nicht sehr wahrscheinlich, aber der Umgang ist respektvoll. Insgesamt zeigen sich in der Klasse Tendenzen, andere gegen Angriffe offline wie online stärker zu unterstützen und Konflikte konstruktiv zu bewältigen, bevor es zu einer Eskalation kommt. Es hat sich in der Klasse selbst ein Team als Kommunikationsbotschafter gebildet, als Anlaufstelle für problematisches Miteinander und Missverständnisse mit dem Ziel einer Klärung, weshalb Irrtümer in der Online-Kommunikation leicht entstehen. Die Prävention in der Klasse hat auf diese Weise zu einer Verbesserung des Klassenklimas geführt und den konstruktiven Umgang mit Problemen gefördert.

Auf Schulebene wurde durch Linas Fall der aktive Umgang mit dem Thema Cybermobbing gestärkt. Die Schule ist entschlossen, Cybermobbing als wichtiges Thema in den schulischen Ablauf zu integrieren. Neben dem Einsatz eines Beratungsteams (Cyberscouts), das offline wie online erreichbar ist, dem von Linas Klasse entwickelten

Aufklärungsmodul für die Jüngsten in der Schule (5./6. Klasse) und einem Elternabend, wurde eine Untersuchung in Form einer Schülerbefragung der gesamten Schule durchgeführt. Dort wurde das Thema Cybermobbing und andere digitale Risiken angesprochen (z. B. Internetsucht oder sexuelle Übergriffe »Cybergrooming«). Es zeigte sich, dass Cybermobbing kein Randthema darstellt und auch sexuelle Übergriffe online nicht selten sind. Allerdings wussten die Schüler*innen bislang nicht, wie sie mit dem Erlebten umgehen sollten und an wen man sich wenden konnte. Viele fühlten sich verunsichert, verängstigt und alleine gelassen. Das neu gegründete Beratungsteam wurde deshalb von den meisten Schüler*innen sehr positiv und sinnvoll aufgenommen und wird häufig und intensiv genutzt. Als Monitoring für die künftige Entwicklung hat man sich entschlossen, eine regelmäßige Erhebung zur Thematik Cybermobbing durchzuführen. Als Grundlage dient der Fragenkatalog der dargestellten Schüler*innenbefragung (siehe Anhang), wobei Schüler*innen bei der Fragebogenerstellung, Erhebung und Auswertung mitwirken. Die Schulleitung sieht hier nach einem halben Jahr erste positive Entwicklungen: Die Beratung wird gut angenommen und das Engagement von Beobachter*innen hat sich deutlich erhöht, bevor schwierige Situationen eskalieren. Auch die Schulung der Lehrkräfte hat deren Kompetenzen gestärkt, Probleme zügig zu erkennen und die Veränderungen beim Verhalten von Schüler*innen besser wahrzunehmen. Die Implementierung des Programms Medienhelden kommt zügig voran und ergänzend bietet die Schule Resilienz- und Konflikttrainings an.

5

Fallvignette Paul

5.1 Ausgangslage

Paul ist 9 Jahre alt und besucht die 4. Klasse einer Grundschule in einer mittleren Großstadt. Er hat zwei gute Freunde in der Klasse, ein Mädchen und einen Jungen. Er lebt als Einzelkind mit seinen Eltern in einem Einfamilienhaus.

Zwar ist seine Position innerhalb der Klasse unauffällig, allerdings hat er im Zusammenhang mit Aufmerksamkeitsproblemen schulische Lernschwierigkeiten. Dies kann er durch ein regelmäßiges Training und eine verlässliche Betreuung durch die Eltern, eine psychotherapeutische Begleitung und mit Hilfe seines Kinderarztes vergleichsweise gut bewältigen. Herr R. als sein Klassenlehrer kümmert sich intensiv um seine Lernfortschritte und unterstützt Paul und seine Eltern sehr eng. Pauls Probleme sind zwar bekannt, werden aber bisher unter den Schüler*innen nicht thematisiert. Allerdings bemerkt man in der Klasse schon, dass er hin und wieder in seine eigene Welt »abtaucht« und zum »Tagträumer« wird.

Dies wird von einigen Mitschüler*innen nach den Sommerferien unvermittelt aufgegriffen und entwickelt sich zu einem ernsthaften Problem. Sie teilen Fotos von Paul, die vermeintlich lustig sind, schnell die Runde machen und kommentiert werden. Die Kommentare werden zusehends negativer; man macht Paul lächerlich und je mehr dabei mitmachen, desto stärker werden die Gemeinheiten. Paul bekommt erst nichts davon mit, aber sein Freund und Sitznachbar schickt ihm eines nachmittags ein Foto, auf dem er träumend den Finger am Mund hat, wobei es fast so aussieht, als würde er an ihm lutschen. Ein verletzender Kommentar darunter greift das Bild auf. Paul ist total geschockt, denn er hatte keine Ahnung davon. Er fühlt sich nun sehr unwohl, in die Klasse zu gehen. Einige seiner Mitschüler*innen schauen ihn inzwischen auch so komisch an. Dann erhält er wenig später eine anonyme SMS, er solle bloß nichts sagen, man hätte noch ein peinliches Video. Paul hat jetzt richtig Angst und zieht sich dadurch in der Klasse immer mehr zurück, arbeitet nicht mehr aktiv mit.

In den ersten Wochen nach den Ferien bemerkt sein Klassenlehrer, dass Paul ihm zunehmend aus dem Weg geht. Herr R. fragt sich, ob etwas in den Ferien vorgefallen sein könnte oder ob sich Pauls Krankheit verändert. Dies möchte er abklären, um ihn besser unterstützen zu können. An Probleme mit Mitschüler*innen oder Mobbing denkt er zunächst noch nicht.

5.2 Erhebung weiterer Informationen

Herr R. will zunächst abgleichen, ob seine Kolleg*innen die Wahrnehmung bestätigen und ob sie vielleicht weitere Informationen haben, worin die Ursachen für Pauls Veränderungen liegen könnten. Danach will er sich mit den Eltern austauschen.

Herr R. nimmt über den Lehrerchat Kontakt mit Kolleg*innen auf, die Paul unterrichten. Eine Kollegin deutet an, dass sich innerhalb der Klasse in den ersten Wochen nach den Sommerferien eine auffällige Stimmung entwickelt hätte. Sie empfindet diese zum Teil als feindselig, besonders gegenüber Paul und dessen Freunden. Da Herr R. zumindest in der Grundschule bisher noch nicht mit Mobbing oder Cybermobbing konfrontiert war und er sich sicher war, dies sei erst bei älteren Schüler*innen eine ernstzunehmende Gefahr, wird er sich fachlich über diese Frage informieren.

Wenn es sich um Cybermobbing handeln sollte, plant Herr R. den Schulpsychologen bei der nächsten Möglichkeit aufsuchen. Um sich rasch zu informieren, sucht Herr R. online nach Informationen. Beim »Weißen Ring e.V.« (https://weisser-ring.de/mobbing) findet er Informationsmaterial für Kinder, Jugendliche und Lehrkräfte. Dort wird die Möglichkeit gegeben, mit Expert*innen direkt in Kontakt zu treten. In den Gesprächen mit dem externen Experten vom Weißen Ring und dem Schulpsychologen erhält Herr R. wesentliche Information zum Thema Cybermobbing im Grundschulalter, über die Täter*innen, die Belastung der Betroffenen und mögliche Hintergründe.

Aufgrund der Informationen, die Herr R. von den Expert*innen erhalten hat, und durch die Einschätzung seiner Kolleg*innen nimmt er Kontakt zu den Eltern auf. Pauls Vater ist beruflich sehr erfolgreich, die Mutter ist seit Pauls Geburt nicht mehr berufstätig. In einem ersten Telefongespräch teilt er ihnen seine Beobachtungen mit. Daraufhin bestätigen die Eltern, dass auch sie festgestellt haben, dass Paul bedrückt ist und sie die Vermutung hatten, er wäre aufgrund seiner Aufmerksamkeitsprobleme sehr belastet. Was genau dafür verantwortlich sei, können sie auch nicht sagen – allerdings veränderte sich Pauls Verhalten erst nach den Schulferien. Während ihres Austauschs kommen sie auf Pauls digitales Nutzungsverhalten zu sprechen. Dabei wird auch angesprochen, dass Paul in den Sommerferien ein eigenes Smartphone bekommen hat. In der Klasse haben neuerdings mehr als die Hälfte der Kinder ein eigenes Gerät, das sie zum Teil auch mit in die Schule nehmen. Für Paul gibt es allerdings gewisse Regeln: Er hat ein tägliches Zeitkontingent für verschiedene Aktivitäten (z. B. Spiel, Lernprogramme), darf sein Smartphone nicht beim Essen benutzen, auch nachts ist das Gerät nicht im Kinderzimmer. Herr R. fragt die Eltern, ob sie ein anderes Online-Verhalten festgestellt haben. Die Eltern bestätigen, dass er schreckhafter reagiert, wenn sich sein Smartphone bemerkbar macht. Herr R. deutet an, dass möglicherweise etwas in der Online-Kommunikation nicht stimmt und spricht das Thema Cybermobbing an. Die Eltern sind erschrocken und verunsichert. Von dem Thema Cybermobbing haben sie zwar bereits aus den Medien gehört, aber dass dies schon unter Grundschüler*innen auftreten kann, ist ihnen neu. Und an das eigene Kind haben sie in diesem Zusammenhang überhaupt nicht gedacht. Sie sind geschockt und bitten um Unterstützung, da sie nicht wissen, was sie nun tun können. Herr R. rät ihnen, sich zunächst mit der Psychotherapeutin zu beraten, die Paul bereits betreut und dort ihre Vermutung zu schildern. Er empfiehlt ihnen, sich ebenso mit dem ortsansässigen Team des Weißen Rings zu besprechen und sich hier allgemein zu Cybermobbing zu informieren. Je informierter sie sich im späteren Gespräch mit Paul zeigen, umso eher wird er sich trauen, über seine Erlebnisse zu sprechen. Dies spielt bei verunsicherten Kindern eine besonders wichtige Rolle, denn es signalisiert auch: Wir schützen dich.

Diese Vorbereitung und der Einbezug der bereits betreuenden Psychologin helfen den Eltern einen angemessenen Umgang zu finden. Paul zeigt ihnen im Gespräch ein Bild und die Gemeinheiten auf WhatsApp, die unmittelbar als Beweise gesichert werden. Ein Foto, das er über Snapchat erhalten hat, ist leider nicht mehr vorhanden, da bei dieser App Fotos zum Teil nur wenige Sekunden abrufbar sind (auch wenn man diesen Mechanismus umgehen kann, entweder technisch oder durch einen Screenshot).

5.3 Gespräch mit Paul und dessen Eltern

Für Paul ist es von fundamentaler Bedeutung, dass seine Eltern und der Klassenlehrer ihn unterstützen und er mit vertrauten Personen über das Erlebte reden kann. Im gemeinsamen Gespräch zu Hause wird nun klar, dass Paul von einigen Mitschüler*innen gehänselt wird, weil er manchmal langsamer wirkt oder in der Klasse abwesend in die Luft guckt. Er wird persönlich beleidigt und auf verletzende Art als dumm bezeichnet. Dies geschieht vorwiegend online, wo Paul vor allem über eine WhatsApp-Gruppe schikaniert, ausgegrenzt, beleidigt und vorgeführt wird. Es werden Fotos via WhatsApp und Snapchat versandt, die ihn als dumm dastehen lassen sollen (Anmerkung: WhatsApp-Nutzung ist in EU Ländern eigentlich erst ab 16 Jahren erlaubt, allerdings nutzen bereits Grundschüler*innen WhatsApp, auch in Familiengruppen). Nicht wenige seiner Mitschüler*innen finden das amüsant. Die Verfasser*innen haben ihm für den Fall gedroht, dass er alles seinen Eltern verrät, noch schlimmere Dinge zu tun.

Er ist sehr traurig darüber und hat wirklich große Angst, was jetzt passieren wird. Das ist auch der Grund, weshalb er eigentlich mit niemandem darüber reden wollte. Dass seine Eltern und sein Klassenlehrer ihn jetzt darauf angesprochen haben, tut ihm gut. Er wirkt erleichtert nun endlich darüber sprechen zu können, er fürchtet allerdings, dass es nun doch noch schlimmer werden könnte, da er ja nun alles »verraten« hat. Sein Klassenlehrer stellt hier klar, dass dieses Verhalten der Täter*innen absolut nicht geduldet wird und dass es an der Schule Konsequenzen für die Gruppe haben wird.

Weiterhin wird in diesem Gespräch auch darüber gesprochen, was Paul aktuell helfen könnte, um besser mit all dem Erlebten umgehen zu können. Es werden kurzfristige Entlastungen besprochen, wie regenerative Copingstrategien z. B. aktive Entspannungsübungen aber auch Gespräche mit seiner Psychologin.

5.4 Pädagogisches Vorgehen

Ein wichtiges kurzfristiges Ziel ist die Beendigung der akuten Cybermobbing-Situation. Es muss danach zu einer umfassenden Klärung der Taten kommen sowie zu einer zufriedenstellenden Lösung für Paul. Dies wird erreicht, indem Paul von seiner Schule individuelle Unterstützung und Hilfe erfährt. Begleitend wird er ein psychologisches Coaching für die Verarbeitung von Angst und Unsicherheit und Förderung der erlebten Selbstwirksamkeit erhalten. Paul soll angstfrei eine Konfrontation mit den Täter*innen erleben können, in der er Fragen nach den Auslösern stellen kann. Die Schule wird sich zudem mit der Herausforderung Cybermobbing im Grundschulalter präventiv und interventiv beschäftigen.

5.4.1 Hilfe für die Verarbeitung der Situation

Paul soll durch die aktive Unterstützung verinnerlichen, dass die Schule, d. h. das gesamte Kollegium, Cybermobbing nicht dulden wird. Das Gefühl von aktiver Unterstützung muss insofern durch alle Beteiligten der Schule, Lehrerkollegium und Schulleitung, auch gegenüber den Eltern signalisiert werden. Nur so kann der gewünschte Vertrauensaufbau gelingen und dem Entstehen von Schulangst vorgebeugt bzw. entgegengewirkt werden.

Gleichzeitig sollte auf Pauls gesundheitliche und seelische Lage eingegangen werden. Therapeutische Unterstützung soll ihn emotional festigen und das Erlernen von Copingstrategien ihm bei der psychischen Aufarbeitung helfen, beispielsweise die Schuld für die Ereignisse nicht auf sich zu beziehen und einen positiven Selbstwert zu entwickeln. Auch ein Verbleib in der Klasse muss von Paul tatsächlich gewünscht sein.

Wichtige Ziele im ersten Gespräch mit dem Betroffenen sind:

5.4 Pädagogisches Vorgehen

- Paul Sicherheit vermitteln, dass er richtig handelt, wenn er darüber spricht und deshalb kein »Verräter« ist.
- Unterstützung und Schutz vor den Cybermobbern zusichern.
- Paul deutlich machen, dass er keine Schuld an der Situation trägt.
- Bedenkzeit geben, das Erlebte zu verarbeiten und den eigenen Wunsch nach Veränderung der Situation in der Klasse und der Beziehung zu seinen Mitschüler*innen und Cybermobber*innen formulieren zu können.
- Dabei Rat und Hilfe anbieten, d. h. Zeit für Kontakt und Gespräche.
- Paul Entscheidungsfreiraum geben: Er muss das »GO« geben für die aktive Auseinandersetzung mit den mobbenden Schüler*innen.

In mehreren Gesprächen zwischen Paul, seinen Eltern und dem an der Schule tätigen Schulpsychologen werden die verschiedenen Handlungsschritte deshalb festgelegt. Paul ist zwar traurig über das Geschehene, aber bekommt von seinen beiden Freunden sowie von anderen in der Klasse bald sehr viel Zuspruch, nachdem der Fall öffentlich wird. Dies tut ihm gut und er möchte weiter in der Klasse bleiben. Jetzt, da seine Eltern und die Schule informiert sind, hat er auch nicht mehr so viel Angst und fühlt sich geschützt. Er möchte mit der ihm bereits bekannten Psychologin seine emotionale Verarbeitung voranbringen.

5.4.2 Cybermobber*innen und deren Eltern

Die Kontaktaufnahme zu den Eltern der beiden Haupttäter erfolgt zunächst über den Klassenlehrer. Er bittet die Eltern um einen persönlichen Gesprächstermin und äußert zunächst allerdings nur, dass es Probleme mit ihren Kindern und einem Mitschüler geben würde. Man vereinbart jeweils einen Termin am Nachmittag, während die Jungen beim Sport sind. Im Rahmen der dann stattfindenen Gesprächen schildert Herr R. den Eltern die Vorfälle, die nach den Sommerferien begonnen haben. Die Eltern eines der beiden Jungen sind geschockt und sichtbar verzweifelt. Nie hätten sie bei ihrem Sohn ein solches Verhalten vermutet. Er sei zwar viel online »unterwegs«, vielleicht etwas zu viel. Auch kontrollieren sie die Online-Nutzung relativ selten, ihr Sohn komme ihnen im Umgang mit den Geräten insgesamt kompetent vor.

Herr R. gibt den Eltern den Rat, sich mit dem Schulpsychologen zu besprechen, da sie unsicher sind, wie sie mit ihrem Sohn die Cybermobbingvorfälle klären sollen. Der daraufhin hinzugezogene Schulpsychologe bittet die Eltern, ihren Sohn klar und ruhig darauf anzusprechen, um herauszufinden, welche Hintergründe dazu beigetragen haben. Auch sollen sie ihm die Beweise zeigen, damit er versteht, dass es eine wirklich ernste Situation ist. Ziel muss es sein, Empathie gegenüber Paul zu entwickeln. Außerdem muss eine Verfestigung der aggressiven Cybermobbinghandlungen verhindert werden. Falls erwünscht, würde er (der Schulpsychologe) auch das Gespräch begleiten. Die Eltern fühlen sich durch die Schule gut beraten und möchten die Situation gemeinsam mit Paul und dessen Eltern lösen.

Das Gespräch mit den Eltern des zweiten Hauptbeteiligten verläuft ähnlich. Auch wenn sich der Vater zunächst sträubt, im Handeln seines Sohnes etwas allzu Schlimmes zu sehen. Er spielt die Vorfälle zunächst als dumme Streiche herunter. Allerdings überzeugen ihn dann doch die Beweise und vor allem die Darstellungen der Folgen für die Opfer. Herr R. merkt an, dass es sicherlich sinnvoll ist, zunächst ein Gespräch mit dem Schulpsychologen zu führen. Dies wird von der Schule koordiniert und ein Treffen mit den beiden Elternpaaren vereinbart. Beide Elternpaare wollen eine Lösung finden und eine Wiedergutmachung gegenüber Paul vereinbaren. Ihnen ist aber auch wichtig, dass ihre Kinder aus dieser Erfahrung lernen und Mobbing/Cybermobbing in Zukunft aufrichtig als inakzeptables Verhalten einschätzen. Sie finden es sehr gut, dass die Schule eine psychologische Betreuung sowie ein spezielles Training organisieren wird, das ihre Kinder zu gewaltlosem Konfliktlösen anleiten und dabei auch digitale Kompetenz vermitteln soll.

5.4.3 Vorbereitung: Opfer und Täter*innen Aufarbeitung

Um beide Seiten in einer entspannten Atmosphäre zusammenzubringen und gemeinsam Lösungswege zu entwickeln, wird in kleinen Schritten vorgegangen.

Die Cybermobber*innen sollen entlang konkreter Fragen zunächst schriftlich formulieren, was sie dazu bewegt hat, verletzende Kommentare über Paul zu verbreiten:

- Was waren die auslösenden Bedingungen?
- War es ihnen bewusst, was sie Paul antun?
- Hatten sie in einem Moment der Aktionen ein Gefühl, dass es falsch ist, was sie tun?
- Waren sie verunsichert, als sie z. B. das peinliche Foto verschickt haben, oder fühlten sie sich unwohl dabei?
- Und hatten sie irgendwann einmal Paul vor Augen? Oder das Gefühl zu weit zu gehen?
- Wie beschreiben sie die Entwicklung insgesamt?

Die Cybermobber*innen werden sich danach in Pauls Rolle hineinversetzen, um Empathie zu erzeugen. Die Perspektivenübernahme soll vermitteln, wie sie sich an Pauls Stelle fühlen würden. Die Täter*innen werden verpflichtet, in Einzelgesprächen gemeinsam mit dem Schulpsychologen, dem Klassenlehrer und eventuell den Eltern ihr Handeln zu beschreiben und zu hinterfragen und eine kurze Sammlung ihrer Gedanken und Gefühle auch als Video aufzuzeichnen.

Paul wird seine Gefühle ebenfalls aufschreiben und ein Videotagebuch führen. In diesem beschreibt er anhand mehrerer W-Fragen was, wann, von wem, wo und wie gemacht wurde. Auch wird er darin seine Gefühle äußern, was dieses Verhalten der anderen bei ihm ausgelöst hat. Dieses Videotagebuch sowie die Aufzeichnungen der Cybermobber*innen bilden die Grundlage des ersten Treffens zwischen Paul und den beiden Haupt-Cybermobbern. Alle erhalten die Aufzeichnungen der »Gegenpartei« vorab. Der Zeitpunkt des ersten Zusammentreffens wird von Paul festgelegt. Er muss sich stark genug fühlen, sich mit den anderen auseinanderzusetzen. Insgesamt sollen in dem nachfolgenden Aufarbeitungsprozess die Kompetenzen und Ressourcen der Beteiligten in den Fokus genommen und alle Möglichkeiten ihrer aktiven Nutzung ausgeschöpft werden. Dabei werden vor allem eine lösungsorientierte Grundeinstellung und positives Denken gefördert.

5.4.4 Konfrontation: Hintergründe, Lösung der Situation und Wiedergutmachung

Durch die getrennte Vorarbeit mit allen Beteiligten in mehreren Gesprächen unter Leitung des Schulpsychologen und Anwesenheit des Klassenlehrers, findet nach Pauls Entscheidung die Konfrontation sowie die Erarbeitung einer Lösung statt. Der Schulpsychologe wird die Rolle des Vermittlers bzw. Mediators übernehmen, während der Klassenlehrer die Situation sowie den Verlauf beobachtet und dokumentiert. Vorab haben alle Beteiligten die Stellungnahmen sowie die Videoaufzeichnungen gesehen und gehen daher vorbereitet in das Treffen.

Die Videos werden am Anfang des Gesprächs nochmals gezeigt, dass alle Beteiligten diese gemeinsam sehen. Dabei kann jeder sehr gut die Reaktionen der anderen beobachten. Dadurch kommt es zu einer stärkeren emotionalen Involvierung, die Beteiligten spüren ihre Rolle deutlich, die kognitive wie auch psychologische Verarbeitung kann somit besser initiiert werden.

Anhand der Beschreibungen der beiden Hauptcybermobber wird erkennbar, was genau zu den Taten geführt hat. Nach den Sommerferien waren sie plötzlich neidisch auf Paul. Das war vorher nicht so. »Irgendwie«, so die Jungen, »fühlten wir uns weniger beachtet, weil nicht nur Herr R., sondern auch einige andere Lehrer sich so um Paul gekümmert haben. Und er hat auch immer andere wegen seines Smartphones gefragt, wie etwas geht, das hat uns genervt.« Und da haben sie in der Pause einfach ein Foto von ihm gemacht, auf dem er richtig blöd aussah. Allerdings waren sie selbst überrascht, wie schnell sich alles verbreitet hat und wie viele Daumen hoch und lustige Kommentare sie darauf erhalten haben. Alles hat sich dann mehr und mehr verselbständigt und war kaum noch zu stoppen. Und dass alles Paul so verletzen würde, daran hatten sie nicht gedacht. Doch plötzlich hatten beide ein komisches Gefühl, sie bekamen richtig Angst, dass Paul sie verraten würde, und haben ihm deshalb gedroht. Jetzt tut es ihnen doch leid, aber wie sie alles hätten stoppen können, wissen sie nicht. Und vor allem wie sie mit ihren Gefühlen umgehen sollen, wenn sie auf jemanden wütend sind oder sich zurückgesetzt fühlen, ist ihnen immer noch nicht klar.

Ein wichtiges Ziel dieser Aufarbeitung ist also nicht nur, dass sich die Cybermobber in Pauls Rolle hineinversetzen, um Empathie zu erzeugen, sondern, dass sie auch lernen, wie sie sich in problematischen Situationen oder Konflikten und bei belastenden Emotionen verhalten können. Es sollen auch Ansätze erarbeitet werden, wie beide Seiten zukünftig sich selbst und ihre Gefühle besser verstehen lernen und klüger miteinander umgehen und kommunizieren können. Wichtige Schritte im Verlauf dieses Gesprächs sind zum einen, die Entschuldigung gegenüber Paul auszusprechen und den zukünftigen Umgang miteinander zu klären. Darüber hinaus sollen alle Beteiligten überlegen, was alle aus dieser Geschichte lernen können. Durch die Emotionen und Einschätzungen aller Beteiligten kommt es in diesem Gespräch zu einer Akzeptanz der Entschuldigung sowie zu einem aufrichtigen Verständnis für die psychischen Auswirkungen auf Paul, aber auch für die Ausgangssituation der Cybermobber.

In einem zweiten Treffen ist das Ziel, ein klares Signal für die Klasse zu erarbeiten. Alle Beteiligten sind sich einig, dass eine öffentliche Entschuldigung gegenüber Paul in der gesamten Klasse wichtig wäre für Paul, aber auch für alle anderen, damit für alle sichtbar wird, dass dieses Verhalten nicht wieder auftreten darf. Es wird auch der Fokus daraufgelegt, Paul in die Gemeinschaft einzubinden und als Klasse ein neues Gemeinschaftsgefühl zu erzeugen.

Es sollen Klassenregeln erarbeitet werden, um zu dokumentieren, wie man miteinander umgehen möchte, Konflikte untereinander gewaltfrei lösen kann und auch wie digitale Medien genutzt werden sollen. Diese Regeln werden in der Klasse in einem Projekt erarbeitet, das aus mehreren einzelnen Workshops besteht.

5.4.5 Resilienzförderung für Paul

Besonders im Grundschulalter ist es wichtig zu verhindern, dass sich Verhaltens- und Erlebensmuster verfestigen, die ein zukünftiges Cybermobbing begünstigen können.

Da Paul aufgrund einer Aufmerksamkeitsstörung einer stärkeren psychischen Belastung ausgesetzt ist, ist die Stärkung von Resilienz und Selbstvertrauen besonders wichtig. Wünschenswert wäre also, dass er nach und nach eine positive Handlungsüberzeugung entwickeln kann, denn die positive Einstellung zur eigenen Handlung beeinflusst die tatsächliche Fähigkeit.

Wichtige Faktoren dabei sind eine Vorbild- und Unterstützerfunktion der erwachsenen Bezugspersonen. Paul soll durch ihre Begleitung lernen, einen Erfolg mit der eigenen Anstrengung zu verbinden und einen positiven Umgang mit Fehlern und Situationen des Scheiterns zu entwickeln. Vermeintliche Misserfolge sollte er durch eine gründliche Auswertung entlang dieser Fragen nutzen:

- Warum ist mir das nicht gelungen?
- Was habe ich dazu beigetragen?
- Wie kann ich durch eigenes Handeln meine Ergebnisse verbessern?

Paul wird dabei lernen, sich nicht selbst zu verurteilen oder seine generellen Fähigkeiten anzuzweifeln. Er wird positiver in die Zukunft schauen, wenn die Ziele realistisch gesetzt werden. Ein positives Ereignis soll bewusst wahrgenommen werden, wie z. B. eine nette Begrüßung, ein Gespräch mit Klassenkameraden, eine schöne Stunde, ein aufmunterndes Gespräch mit seinen Eltern und Lehrkräften. Paul lernt Strategien anzuwenden, die zu einem guten Abschluss des Tages führen; hilfreich sind hierfür z. B. ein 6-Minuten-Tagebuch. Darin werden am Ende jeden Tages positive Ereignisse festgehalten. Der Fokus sollte vor dem Einschlafen auf den guten und schönen Dingen und Erlebnissen liegen. Paul wird sich abends z. B. folgende Fragen stellen:

- Was war heute richtig gut?
- Was hat mir Freude bereitet?
- Wofür bin ich dankbar?

Anhand des Tagebuchs kann Paul immer wieder zurückblättern und wird bei dieser Rückblende automatisch Monat für Monat mit immer mehr positiven Eintragungen konfrontiert. Dieses Erinnern stärkt wiederum die erlebte Selbstwirksamkeit.

Die konkreten Arbeitsschritte für Paul sind folgendermaßen geplant: Paul wird neben seiner psychotherapeutischen Begleitung auch ein gemeinsames Gruppentraining in der Schule absolvieren, durchgeführt von einem Experten des Schulpsychologischen Dienstes in Form einer Workshopreihe.

5.4.6 Resilienzförderung der Cybermobber*innen

Für die Hauptcybermobber wird ein individuelles Training angeboten. Es orientiert sich eng am Resilienztraining Cybermobber*innen (siehe Anhang).

Cybermobbing Präventionstraining in der Klasse
Zum Einstieg in die Thematik Cybermobbing in der Klasse wird den Schüler*innen eine Aufgabe gestellt, in der alle sich mit der Thematik Cybermobbing befassen sollen. Dazu werden den Kindern verschiedene Fragen gestellt:

- Was verstehst du unter Cybermobbing?
- Wer ist an Cybermobbing beteiligt?
- Kannst du dir vorstellen, warum jemand so etwas macht?
- Wie fühlt sich derjenige, der gemobbt wird?

In der darauffolgenden Workshop-Stunde werden die Ergebnisse zusammengetragen und dokumentiert. Die Schüler*innen werden am Ende der Trainingsstunde in vier Gruppen eingeteilt, wo sie dann im nächsten Workshop-Teil ein Video aufzeichnen. Sie werden zu einer der oben gestellten Fragen die innerhalb der Klasse erarbeiteten Antworten zusammenfassen. Die Videos werden später Teil eines Aufklärungsmoduls für die Klassen 1 bis 3 sein sowie für einen Elternabend genutzt.

Der 3. Teil des Workshops befasst sich mit dem konkreten Verlauf von Cybermobbingverhalten, den unterschiedlichen Rollen, den Gefühlen und den möglichen Hintergründen und Auslösern. Hierfür werden unterschiedliche Cybermobbingsituation diskutiert:

- Wann spricht man von Cybermobbing?
- Was kann alles passieren?
- Und was ist daran so schlimm?

Im Anschluss daran werden die Schüler*innen in einem Kreis sitzend gemeinsam die verschiedenen Perspektivenübernahmen üben. Somit wird die gesamte Klasse gleichzeitig versuchen, sich in die Rolle des Opfers, der/des Cybermobbers und der Bystander hineinzuversetzen. Diese Methode hat den Vorteil, dass niemand stigmatisiert wird, auch wird vermieden, dass eine Verbindung mit dem tatsächlichen Vorfall, dem Opfer Paul und den Täter*innen hergestellt wird. Dies würde sich ungünstig auf die Verarbeitung beider Seiten auswirken. Ziel dieser Perspektivenübernahme ist, dass verschiedene Emotionen in den Kindern ausgelöst werden:

- Warum möchte z. B. niemand ein Opfer sein?
- Was denken und fühlen die Cybermobber*innen über die Opfer?
- Warum ist helfen oft so schwer?
- Können Außenstehende gegen Cybermobbing überhaupt etwas tun?
- Wie fühlt man sich als Beobachter*in?

Die Ergebnisse der Diskussion im Plenum werden vom Moderator wieder zusammengefasst.

5.4 Pädagogisches Vorgehen

Teil 4 des Workshops befasst sich damit, hilfreiche Maßnahmen zur Vorbeugung und Intervention von Cybermobbing zu entwickeln. Die zuvor gebildeten vier Gruppen sollen sich getrennt damit auseinandersetzen, was sie innerhalb der Klasse gegen Cybermobbing tun können. Die digitalen sozialen Schutzfaktoren sollen hierbei besonders hervorgehoben werden:

- Wie können wir online anderen beistehen, d. h. Hilfestellung oder Unterstützung geben?
- Wie kann man z. B. WhatsApp-Gruppen zur Unterstützung und Stärkung der Betroffenen von Cybermobbing bilden?
- Wie kann man dabei viele einbinden und erreichen?
- Kann man auch soziale Netzwerke wie Facebook gezielt zur Unterstützung nutzen (z. B. Projekte von Klassen gegen Cybermobbing oder Schülerhilfe vorstellen)?

Schließlich sollen klare Klassenregeln für den Umgang miteinander erarbeitet werden.

- Wie gehen wir miteinander um?
- Wie reagieren wir auf Probleme untereinander?
- Wie können wir die Probleme der anderen besser verstehen?
- Was kann online z. B. auf WhatsApp zu Missverständnissen oder Ärger führen?

Zudem wird der Umgang mit neuen digitalen Medien innerhalb der Klasse insgesamt thematisiert:

- Wer hat bereits ein Smartphone und wer nicht?
- Welche Gefühle löst dies bei den Kindern aus (Überlegenheit, Neid, Unsicherheit etc.)?

Ein wichtiger Schritt für die Selbstreflexion der Kinder ist die Erarbeitung von digitalen Nutzungsregeln:

- Wann benutzen wir unser Smartphone?
- Für was benutzen wir es?
- Wie stellen wir uns z. B. auf WhatsApp dar?
- Warum ist Snapchat vielleicht gefährlich?
- Welche Fotos und Informationen sollten grundsätzlich nicht mit anderen geteilt werden?
- Wie kann man Smartphones im Unterricht einsetzen?

Insgesamt ist dieses Klassentraining nicht nur ein Coaching für den sozial kompetenten Umgang miteinander und aggressionsfreie Konfliktlösung, sondern es schult auch die digitale Kompetenz der Kinder.

Aktionsplan Cybermobbing Prävention an der Schule
Aus Sicht der Schule ist die Thematik Cybermobbing ein relativ neuartiges Problem, da sie bisher noch keinen derartigen Vorfall behandeln musste. Über die intensive Beschäftigung mit dem Thema wurde allerdings dem gesamten Kollegium und der Schulleitung klar, dass Cybermobbing an ihrer Grundschule keineswegs ein Einzelfall ist. Da sich dieses Phänomen mit der Ausbreitung der technischen Hilfsmittel auch künftig wohl eher noch ausweiten wird, wurde mit großer Mehrheit beschlossen, sich für die Zukunft präventiv zu engagieren. Allerdings wurde auf Grund der fehlenden Expertise und Erfahrung entschieden, dass man sich zunächst einen Überblick über die schulische Situation verschaffen muss, um ein Präventionskonzept passgerecht umsetzen zu können. Hierzu wird eine Befragung des Lehrpersonals zur Gesamtsituation Cybermobbing an der Schule durchgeführt, auch die Elternschaft ist miteingebunden (siehe Anhang, Cybermobbingreport für Eltern und Lehrer). Themen sind

- Vorfälle, die in der Schule bekannt werden
- externe Vorfälle auch aus dem Bekanntenkreis
- Kenntnisstand zum Thema und zu Präventionsmöglichkeiten.

Die Ergebnisse zeigen, dass Cybermobbing aus Sicht der Lehrkräfte und der Eltern ein zunehmendes Problem darstellt und wenn auch weniger dramatisch an der eigenen Schule, obwohl sich einige schon

Sorgen machen. Nachfolgend entscheidet sich die Schulleitung dafür, in einer Projektgruppe (bestehend aus Lehrkräften und Eltern) eine gemeinsame Perspektive für die Schule hinsichtlich einer künftigen Prävention gegen Gewalt und Cybermobbing zu entwickeln. Dieses Team soll sich dabei besonders mit den aktuellen schulischen Gegebenheiten befassen. Es werden die Räumlichkeiten wie auch Toiletten und die Pausensituation begutachtet, die sich eventuell für Mobbing und Cybermobbing (z. B. Foto- und Videoaufnahmen) eignen könnten, und es werden die vorhandenen Ressourcen ermittelt. Diese beziehen sich auf finanzielle Mittel sowie die Manpower, die für geplante Maßnahmen einsetzbar wären. Weiterhin wird die Fortbildung von Lehrkräften über dieses Team gesteuert. Zunächst soll eine 2-tägige Fortbildung für das gesamte Lehrerkollegium die Vorgehensweise zum Thema Cybermobbing beispielhaft vermitteln. Allerdings werden für die Zukunft auch Fortbildungsthemen zum Thema »Digitale Risiken« und »Digitale Kompetenz« geplant. Diese werden gemeinsam mit dem neuen digitalen Schulrat, der ebenfalls etabliert wird, koordiniert. Der digitale Schulrat befasst sich mit der digitalen Ausstattung der Schule und plant den Einsatz digitaler Tools (white board, tablets) und die Ausbildung der Lehrkräfte zum adäquaten fachdidaktischen Einsatz sowie die Vorbereitung neuer Lehrinhalte zum Thema digitales Lernen und Leben. Es ist auch geplant, Kontakte zu anderen Schulen aufzunehmen, um ein schulübergreifendes Arbeiten zu erreichen und möglichst viele Synergieeffekte zu erzielen.

Insgesamt soll das schulische Umfeld in sichtbaren Regeln signalisieren, dass man Mobbing/Cybermobbing nicht akzeptiert und Betroffene nicht alleine gelassen werden. Dazu werden auch Anti-Mobbingregeln in Form von Verkehrsschildern in der Schule und auf dem Schulhof aufgestellt. Eine Atmosphäre der generellen Hilfsbereitschaft soll den Betroffenen oder Beobachter*innen Mut machen, sich gegen Cybermobbing zu wehren. Durch gemeinsame Klassenregeln sowie einen Klassenrat, den die Kinder selbst bestimmen dürfen, wird das kooperative Lernen sowie das Zusammengehörigkeitsgefühl gestärkt.

Beratungsangebot für Eltern über neuen »digitalen Schulrat«
Eine ergänzende Säule der Präventionsarbeit betrifft das Beratungs- und Informationsangebot für die Eltern. Der digitale Schulrat wird zukünftig die Koordination von Informationsveranstaltungen übernehmen und digitale Infokanäle zu Neuigkeiten und Entwicklungen an der Schule etablieren (u. a. via Newsletter). Auch werden auf der Schulwebseite Beratungs- und Unterstützungsangebote für Schüler*innen und Eltern an der Schule sowie Kontaktdaten zu Beratungsstellen vor Ort und digitalen Informationsportalen angegeben. Eine digitale Sprechstunde für Eltern zu Online-Problemen wird ebenfalls etabliert. Die Ansprechpartner*innen stellen sich über ein selbst gedrehtes Video auf der Webseite vor.

5.5 Auswertung der Maßnahmen

Im Kontaktverhalten zwischen Paul und den Cybermobbern zeigen sich mit den dargestellten Interventionen Verbesserungen. Die finden in einem Klassenklima statt, das sich freundlicher und hilfsbereiter darstellt. Der Umgang mit Smartphones und anderen Endgeräten hat sich verändert: Probleme oder Konflikte werden nicht mehr digital z. B. über WhatsApp angesprochen, sondern face to face. Die Kinder erkennen den Vorteil, dass eine direkte Ansprache zu weniger Missverständnissen führt und so vor einer schnellen Eskalation schützen kann. Sie haben sich entschieden, Snapchat gar nicht mehr zu benutzen, da es ihnen zu gefährlich ist. Sie sind aufgrund ihrer Erfahrungen grundsätzlich viel vorsichtiger damit geworden, Fotos von anderen zu machen, auch wenn sie sich das gegenseitig erlauben. Dabei möchten sie immer mehr über die digitalen Werkzeuge lernen und wie man mit ihnen besser umgeht. In Pauls Klasse hat sich ein Klassenrat gebildet, der als Anlaufstelle für problematisches Miteinander und Missverständnisse dienen soll. Das Aufklärungsmodul für die jüngeren Schüler*innen mit den Videos, die in Pauls Klasse in den

Workshops entstanden sind, zeigt sich als wirksame Diskussionsgrundlage zum Thema Cybermobbing. Diese werden auch zukünftig als Aufklärungsmodul eingesetzt. Die Bereitschaft der Eltern, sich mit neuen digitalen Themen und Risiken auseinanderzusetzen, ist vor allem durch die Tätigkeit des digitalen Schulrates und der Online-Beratung gestiegen.

6

Fallvignette Marvin

6.1 Ausgangslage

Ort der Ereignisse ist eine so genannte Turnaround Schule, die durch besonders hohe Krankenstände des Personals und ausgeprägte Versetzungswünsche, häufigen Unterrichtsausfall, unentschuldigte Fehlzeiten der Schüler*innen und einen hohen Anteil an sozioökonomisch benachteiligten Familien gekennzeichnet ist. Vielfach liegen Sprach- und Verständigungsprobleme vor, da der Anteil von Schüler*innen, bei dem Deutsch nicht die Muttersprache ist, sehr groß ist. Besonders an Montagen zeigt sich in einigen Klassen eine sehr problematische Unterrichtslage (Montagssyndrom): Viele Schüler*innen sind nach dem Wochenende stark übermüdet und unkonzentriert.

In der Klasse von Marvin (16 Jahre) erschweren aktuell religiöse Auseinandersetzungen zwischen muslimischen und nicht-muslimischen Schüler*innen den Unterricht und den Umgang der Schüler*innen untereinander. Die Eltern von Marvin sind geschieden, seit er 5 Jahre alt ist. Sein Vater lebt seit einigen Jahren in einer anderen Stadt und hat nur selten Kontakt zu seinem Sohn. Marvins Mutter ist derzeit arbeitslos. Sie hat bei ihrem vorherigen Arbeitgeber wegen betrieblicher Umstrukturierungen ihre Tätigkeit am Empfang verloren und hilft deswegen momentan in einem Supermarkt an der Kasse aus. Trotz der schwierigen Umstände ist sie sehr darauf bedacht, dass Marvins schulische Leistungen in Ordnung sind.

Durch einen neuen Mitschüler (Henrik, 17 Jahre), der nach den Sommerferien als Wiederholer in Marvins Klasse gekommen ist, hat sich der Umgangston in Marvins Klassenverband und gegenüber den Lehrpersonen zunehmend verschärft. Henrik nimmt, auch aufgrund seines Alters, sehr schnell eine dominante Position ein und wird durch seine aggressive Körpersprache und seinen rüden Umgangston von einigen gefürchtet und gleichzeitig bewundert. Seine schulischen Schwierigkeiten versucht er durch besonders lautes und freches Auftreten zu kompensieren. Er möchte gegenüber den anderen Schülern »cool« sein und versucht eine Gruppe um sich zu scharen, die er dominiert. Insbesondere gegenüber Schüler*innen mit Migrationshintergrund ist er gezielt angriffslustig und abwertend in seinen Kommentaren. Es ist zu beobachten, dass sich in der Klasse zunehmend zwei Gruppen gegenüberstehen: Eine Gruppe vereint die muslimischen Schüler*innen und eine andere einen Großteil der restlichen Klasse, als deren »Anführer« sich Henrik geriert, wobei nicht alle der nichtmuslimischen Schüler*innen hinter Henrik stehen. Manche distanzieren sich und wollen mit den Auseinandersetzungen nichts zu tun haben. Zu diesen Jugendlichen gehört Marvin, der eher introvertiert ist und nicht über ein großes soziales Netzwerk im Klassenverband verfügt.

Marvin hat einen engen Freund in der Klasse, der gleichzeitig sein Sitznachbar ist. Marvin versucht meistens im Unterricht mitzuarbeiten und zeigt insgesamt akzeptable Schulleistungen. Aus den sich abzeichnenden Konflikten versucht er sich meist herauszuhalten, fühlt er sich von Henrik und dessen Gruppe doch eher abgeschreckt und geht ihnen aus dem Weg. Dies macht Marvin aus Henriks Sicht zum Gegner. Bestimmte Merkmale, insbesondere die wenigen Kontakte in der Klasse, sein ruhiges und unauffälliges Agieren und die im Vergleich zu Henrik relativ guten Schulleistungen tragen dazu bei, dass für Marvin eine belastende Zeit beginnt. Dass Marvin in seiner Freizeit viel mit seinem Schulfreund beim Online-Gaming verbringt, beide auch gerne Gamern zuschauen, wird einer der Angriffspunkte, die Henrik und andere nutzen. Zunächst wird in einer WhatsApp-Gruppe gegen Marvin gehetzt, dass er ein »Loser« sei, beim Online-Gaming »der totale noob (Neuling)«. Als »vaterloser Asi« könnte man ja auch nichts anderes erwarten, dessen Mutter »auf den Straßenstrich geht«. Dann beginnt die Gruppe anonyme SMS an Marvin zu schicken: Er sollte sich »einen Strick nehmen«, sei »wertlos«, niemand würde »ihn vermissen«, es wäre »besser, er ist tot«. Solche Nachrichten erhält er mehrmals täglich, auch nachts. Hinzu kommen später auch Fotos von Stricken und Gräbern sowie Webseiten, die Hinweise geben, wie man sich am besten das Leben nimmt. Dabei werden online auch immer mehr Lügen über seine Eltern verbreitet: Sein Vater wäre »ein Zuhälter« und hätte »die Mutter verlassen, weil sie zu wenig Geld« einbringe. Diese Nachrichten werden auch an die gesamte Klasse geschickt. Marvin wird daraufhin immer mehr ausgeschlossen, nicht nur online, auch in der Klasse distanziert sich die Mehrheit von ihm. Die Mitschüler*innen glauben immer mehr daran, dass die verbreiteten Dinge stimmen, schließlich werden geschickt Teilwahrheiten eingearbeitet, z. B. dass der Vater sich getrennt hat und die Mutter alleinerziehend und arbeitslos ist. Es wird auch in der Klasse und auf dem Schulhof immer mehr getuschelt. Marvin bekommt zunehmend anonyme SMS-Nachrichten mit verletzenden Kommentaren. Sein Schulfreund hat schließlich den Mut und sagt ihm, dass in einer WhatsApp-Gruppe gegen ihn gehetzt wird und dass Henrik vermutlich der Anführer ist. Wer aber noch dabei ist, wisse er nicht genau. Sein Freund hat auch Angst, selbst zum Opfer von Henriks Gruppe zu werden. Diese Handlungen ziehen sich über Wochen hin. Marvin zieht sich in der Klasse noch mehr zurück, arbeitet nicht mehr aktiv mit und geht schließlich nicht mehr zur Schule.

Frau R. unterrichtet Deutsch und Geschichte in Marvins Klasse. In ihrer Funktion als Klassenlehrerin ist sie vergleichsweise gut mit den persönlichen Verhältnissen ihrer Schüler*innen vertraut. Das zunehmend gesteigerte Aggressionspotenzial der Klasse bereitet ihr seit einigen Wochen Sorge – vor allem das Verhalten des neuen Mitschülers Henrik scheint das Klassenklima zu belasten. Es verbreiten sich rassistische und diskriminierende Argumente innerhalb der nichtmuslimischen Schülerschaft. Sie beobachtet das Geschehen sehr genau und hat sich bereits mit Kolleg*innen und dem Direktor darüber ausgetauscht. Neuerdings bemerkt Frau R. eine Veränderung im Verhalten von Marvin. Er verhält sich zunehmend stiller und seine Teilnahme am Unterricht lässt deutlich nach. Frau R. entscheidet sich nach einem Wochenende, das Gespräch mit Marvin zu suchen. Doch dazu kommt es nicht, denn Marvin kommt am nachfolgenden Montag nicht zur Schule. Eine Entschuldigung des Fehlens ist in der Schule nicht eingegangen. Die Nachfrage bei seinem Sitznachbarn bringt keine Aufklärung. Frau R. ist erstaunt, da ein unentschuldigtes Fehlen bei Marvin eigentlich nie vorkommt. Sie ist besorgt und möchte zunächst das Fehlen von Marvin aufklären, hat aber den Verdacht, dass Marvin durch Mitschüler*innen ausgegrenzt wird.

6.2 Erhebung weiterer Informationen

Da Frau R. ahnt, dass sich Marvin aktuell in einer persönlichen Krise befindet, will sie unmittelbar nach dem Unterricht aktiv werden, um den Hintergrund des Fehlens zeitnah aufzuklären.

Kontaktaufnahme mit Marvins Mutter

Frau R. findet im Schulumfeld zunächst noch keine schlüssigen Erklärungen für Marvins Fehlen und nimmt daher nach dem Unterricht direkt Kontakt mit Marvins Mutter auf. Marvins Mutter ist erstaunt über Frau R.s Anruf, da sie nicht weiß, dass ihr Sohn nicht zur Schule gegangen ist – er hat die Wohnung wie immer zur gleichen Zeit verlassen. Sie äußert sich nun äußerst besorgt, weil auch sie seit einigen Wochen den Eindruck hat, dass Marvin etwas bedrückt. Marvins Mutter deutet an, dass Marvin nicht mehr, wie das früher der Fall gewesen sei, nachmittags unterwegs ist. Auf Grund der eigenen Situation, u. a. der Suche nach einer neuen Arbeitsstelle, hat sie auf Veränderungen ihres Sohnes nicht besonders stark geachtet. Allerdings hat Marvin auch versucht, seiner Mutter die Probleme zu verheimlichen, was ihm zunächst gelungen ist.

Gemeinsam entscheiden sie, dass die Mutter ihren Sohn zunächst nicht auf den heutigen Schultag ansprechen wird. Da sie vermuten, dass Marvin auch am nächsten Tag nicht zur Schule kommen wird, verabreden sie, dass Frau R. nachmittags zu Besuch kommt und sie gemeinsam mit Marvin das Gespräch suchen werden.

Austausch im Kollegium und Einbindung externer Expert*innen
Frau R. will sich auf das Gespräch mit Marvin und dessen Mutter gut vorbereiten. Sie entscheidet deshalb, sich kurzfristig mit anderen Lehrer*innen auszutauschen. Sie will wissen, ob dort ebenso eine aggressivere Stimmung in der Klasse wahrgenommen wird. Gleichzeitig sucht sie deren Einschätzung zur Situation ihres Schülers Marvin, d. h. ob einige ihrer Kolleg*innen in letzter Zeit Veränderungen in Marvins Verhalten festgestellt haben, wie z. B. Verhaltensauffälligkeiten, verstärkten Rückzug, ängstliches Benehmen oder Unsicherheiten auch im Umgang mit anderen Mitschüler*innen. Sie möchte zudem klären, ob Gerüchte im Umlauf sind, ob Mobbing oder Cybermobbing in anderen Klassen auftritt oder ob es Hinweise gibt, die auf Mobbing gegenüber Marvin hindeuten. Frau R. erarbeitet hierzu einen kurzen Themenkatalog, den sie mit einigen ihrer Kolleg*innen besprechen wird. Da sie nicht alle Kolleg*innen in der Pause antreffen kann, schickt sie die Fragen zusätzlich per E-Mail und bittet um eine rasche kurze Antwort.

- Gibt es Auffälligkeiten in der Klasse wie beispielsweise Veränderungen in den Beziehungen unter den Schüler*innen, Zunahme von aggressivem Verhalten und Delinquenz, vermehrte Cliquenbildung und Gruppenaktivitäten gegenüber bestimmten Schüler*innen?

- Wie schätzt ihr die Rolle des neuen Schülers Henrik ein?
- Wie erlebt ihr Marvins Verhalten?

Parallel nimmt Frau R. telefonisch Kontakt mit der schulpsychologischen Beratungsstelle der Kommune auf. Sie erreicht dort eine Mitarbeiterin, die ihr u. a. mögliche Szenarien von Cybermobbing schildert und auch das Ausmaß der damit verbundenen psychischen Belastung deutlich macht. Auch erhält sie den Hinweis auf das Beratungsportal juuuport (www.juuuport.de), bei dem jugendliche Betroffene Rat von anderen Jugendlichen erhalten. Dies plant sie Marvin zu benennen, falls er nicht mit ihr selbst oder der Mutter über das Erlebte reden möchte. Parallel zum geplanten Gespräch hat Frau R. der Mutter Informationsmaterial der schulpsychologischen Stelle zugeschickt sowie den Kontakt zu einer Mitarbeiterin hergestellt, an die sie sich noch am selben Tag wenden kann. Frau R. informiert den Direktor der Schule über ihre Vermutung und ihre Vorgehensweise.

Gespräch in der Familie

Der kurzfristig vereinbarte Besuch von Frau R. bei Marvin und seiner Mutter gestaltet sich anders als gedacht. Marvins Mutter konnte am Vortag noch einen Telefontermin mit einer Mitarbeiterin des schulpsychologischen Dienstes wahrnehmen, fühlt sich zwar besser vorbereitet; ihren Sohn abends ansprechen wollte sie dennoch nicht. Den Besuch seiner Lehrerin am nächsten Nachmittag kündigt sie ebenso nicht an, so dass Marvin doch sehr überrascht war, als Frau R. am nächsten Nachmittag klingelt. Frau R. erklärt den Hausbesuch (»so etwas mach' ich öfter, wenn es wichtig erscheint«) und beginnt das Gespräch zunächst mit allgemeinen Themen. Schließlich äußert sie, sie habe den Eindruck, dass etwas in Marvins Klasse nicht in Ordnung sei. Sie spricht aus, dass sie sich Sorgen macht, ohne das Thema Fehlen im Unterricht anzusprechen. Dies beeindruckt Marvin und er deutet an, dass es in der Klasse tatsächlich Probleme gebe und »gesteht« auch seiner Mutter, dass er seit einiger Zeit hin und wieder die Schule schwänzt. Es tut ihm sichtlich gut, darüber zu sprechen – dass es sich tatsächlich um Cybermobbing handelt, wird dann sehr schnell deutlich. Marvin ist erleichtert und will mit seiner Mutter und seiner

Lehrerin die Situation klären und verändern. Marvin äußert, dass er keine Idee habe, wie eine Lösung aussehen könne. Zur Schule könne er im Moment jedenfalls nicht gehen. Frau R. regt an, dass er kurzfristig mit juuuport Kontakt aufnehmen könne; Marvin hat bisher noch nie von einer solchen Beratungsoption gehört, wird dies aber sofort umsetzen. Hinweis: Frau R. wird dem Schuldirektor empfehlen, auf der Webseite der Schule kurzfristig einen Hinweis auf das Beratungsportal juuuport hinzuzufügen.

6.3 Pädagogisches Vorgehen

Das kurzfristige Ziel der pädagogischen Intervention ist die Bewältigung der Cybermobbing-Situation in der Klasse. Zudem wird mittelfristig wichtig sein, die aggressive Stimmung und den angriffslustigen Umgang innerhalb der Klasse zu beenden. Das Kollegium ist sich weiterhin einig, dass die Schule insgesamt unter einem Gewaltproblem leidet, das dauerhaft überwunden werden muss. Allerdings fehlt noch der genaue Fahrplan. Psychische Aggression kommt besonders häufig vor – online wie offline: Schüler*innen beschimpfen und beleidigen sich wegen ihres »Andersseins«, ihres Aussehens, ihrer Religion oder Herkunft. Gezielt verbreiten sie Gerüchte oder schließen Schwächere oder Nichtpassende aus. Allerdings spielt auch physische Gewalt eine immer stärkere Rolle, Schüler*innen prügeln, schubsen und attackieren sich. Auch kommt es zu Gruppenschlägereien, meist zwischen Migranten und Deutschen. Ein Problem ist auch, dass viele Schüler*innen nicht richtig lernen können. Unterstützung der Familie fehlt zumeist. Die bei zahlreichen Schüler*innen vorhandenen Lernschwierigkeiten und Sprachprobleme können familiär zudem oftmals nicht aufgefangen werden. In einigen Familien herrschen sogar ein gleichgültiges oder gar gewalttätiges Klima und emotionale Vernachlässigung. Ein extrem hoher Medienkonsum und Gewalt verherrlichende Inhalte oder Pornografie, die online konsumiert oder als Computerspiele praktiziert werden, verstärken die vorhandenen Probleme, was sich besonders nach Wochenenden deutlich zeigt, wenn aggressives und unkonzentriertes Verhalten auffallen.

Es müssen also auf mehreren Ebenen Interventionen geplant werden: Zum einen geht es um die individuelle Aufarbeitung des Falles Marvin, gleichzeitig muss eine Betrachtung der Schulsituation insgesamt stattfinden und hieraus Strategien abgeleitet werden.

6.3.1 Intervention: Bewältigung des Cybermobbing

Kurzfristiger Erste Hilfe-Plan für Marvin und dessen Mutter
Kurzfristig muss für Marvin ein Erste Hilfe-Plan entwickelt werden, bei dem die gesamte Schule seinen Fall erkennbar ernst nimmt und gezielt gegen das von ihm erlebte Cybermobbing vorgeht. Hierfür wird mit Marvin und dessen Mutter besprochen, welche Unterstützung er benötigt.

Marvin möchte eine individuelle Beratung in Anspruch nehmen, die ihm hilft, das Erlebte zu verarbeiten. Dafür wird der Kontakt zu dem schulpsychologischen Dienst der Kommune hergestellt. Zusätzlich wird für Marvin der Kontakt zu einem Beamten der Polizei hergestellt, der ihn rechtlich berät.

Entlang eines Leitfadens werden die Ziele in der Bewältigung der erlebten Krise aufgelistet:

- Ich fühle mich in der Klasse wohl bzw. werde die Klasse wechseln
- Ich habe Vertrauen in die Unterstützung innerhalb der Schule
- Es gelingt innerhalb meiner Klasse, das Erlebte zu verarbeiten
- Die Cybermobber wurden zur Verantwortung gezogen.

Konfrontation der Cybermobber, Unterstützer und deren Eltern
Eine Beendigung und sinnvolle Aufarbeitung von Cybermobbinghandlungen setzt voraus, dass die Täter*innen zu ihrer Tat stehen und zur Verantwortung gezogen und deren Eltern in die Lösungsfindung eingebunden werden, indem sie von dem falschen Handeln ihrer

Kinder und den problematischen Auswirkungen überzeugt werden. Frau R. erhält durch das Kollegium der Schule den Auftrag, Kontakt zu den Eltern der Cybermobber aufzunehmen. Sie bittet zunächst telefonisch bei den Eltern des Haupttäters um einen persönlichen Gesprächstermin, in dessen Verlauf klar wird, dass die Eltern von Henrik das Fehlverhalten nicht einräumen bzw. bagatellisieren. Es wird weiterhin evident, dass seine Eltern kaum Interesse an Henriks schulischem Erfolg haben und sich insgesamt wenig um ihn und seine Bedürfnisse kümmern. Sichtbar werden zudem extremistische, gewaltverherrlichende Einstellungen innerhalb der Familie, zu einem Treffen kommt es nicht, da die Eltern dies verweigern. Frau R. sucht daraufhin Rat bei der psychologischen Beratungsstelle, die ihr empfiehlt, polizeiliche Hilfe in Anspruch zu nehmen. Frau R. telefoniert also mit einer Stelle zum Thema Cyberkriminalität und bekommt Kontakt zu einer Gruppe innerhalb der Polizei, die Cybermobbingberatung in Schulklassen durchführt. Diese bietet ihr an, an die Schule zu kommen und in der Klasse einen Präventionstag zu veranstalten, ohne direkt auf den Fall Marvin einzugehen. Gleichzeitig bieten sie an, Marvin zu einem Beratungsgespräch einzuladen. Da es sich den Berichten nach um Strafdelikte handelt, ergibt sich für Marvin die Möglichkeit, diese anzuzeigen. Vorab wird geklärt, dass Marvin Beweise auf jeden Fall sichern und keinesfalls aus Scham löschen soll. In einem dokumentierenden Protokoll soll er den Verlauf der Cybermobbingattacken festhalten und beschreiben.

Bei den Eltern der Unterstützer/Bystander hat Frau R. etwas mehr Erfolg, sie erkennen die Gefahr einer zunehmenden Gewalttätigkeit ihrer Kinder und sind besorgt, aber bislang noch hilflos. Sie haben, vor allem seit Henrik in der Klasse ist, ein gesteigertes Gewaltpotenzial bei ihren Kindern festgestellt. Frau R. stellt die Gefahr schwerwiegender Folgen für das Sozialverhalten dar. Die Eltern sind daraufhin bereit, ihre Kinder an einem speziellen Anti-Aggressionstraining teilnehmen zu lassen.

Sie unterstützen außerdem die Idee eines obligatorischen Elternabends für alle Eltern der Klasse. Hierfür sollen ein externer Experte sowie die Polizei eingebunden werden.

6.3 Pädagogisches Vorgehen

Tataufarbeitung nach der Farsta Methode
Die Schule bildet zunächst ein Team, das sich mit der Cybermobbingproblematik befasst. Mitglieder sind Frau R., zwei weitere Lehrkräfte und der Schulpsychologe. Im Team wird der Fall Marvin besprochen, es folgen Gespräche mit Marvin, bei denen genau geklärt wird, was vorgefallen ist, wer die Haupttäter und weitere mögliche involvierte Personen sind. Schließlich wird die Konfrontation der Täter*innen mit ihren Taten organisiert, z. B. Zeitplan und Räumlichkeiten. Für die Tataufarbeitung wird zunächst ein Vorgehen nach der Farsta Methode gewählt (siehe Anhang, Gesprächsleitfaden in Anlehnung an die Farsta-Methode). In der Konfrontation werden die Cybermobber einzeln gezielt aus dem Unterricht einbestellt. In einem Gespräch (Dauer ca. 10–20 Minuten) werden sie mit ihrem Handeln konfrontiert. Dabei wird nicht moralisiert und nicht nach den Hintergründen gefragt, aber deutlich gemacht, dass sie für die Taten die Verantwortung tragen. Sie erfahren, dass es sich um Straftaten handelt; explizit wird vom Team kommuniziert, dass Cybermobbing an dieser Schule keinesfalls geduldet wird. Gleichzeitig wird darauf hingewiesen, dass dieses Gespräch kein juristisches Verfahren ist und die Jugendlichen als Verantwortliche für ihre Taten selbst mitentscheiden, was nun weiter geschieht. Im Fall von Henrik wird entschieden den kooperierenden Mitarbeiter der Polizei an den nachfolgenden Tagen hinzuzuziehen.

Sanktionierung der Täter
Die Aufarbeitung nach der Farsta Methode zeigt bei Henrik keinen Erfolg. Da die Schule keinerlei Unterstützung durch seine Eltern erfährt, entscheidet sie sich zu einer konsequenten pädagogischen Sanktionierung. Zunächst werden bestimmte Ordnungsmaßnahmen durchgesetzt, wie z. B. Tadel, Klassenwechsel und Unterrichtsausschluss etc. Diese erweisen sich als nicht erfolgreich. Henrik taucht in den Pausen vor seinen ehemaligen Mitschüler*innen auf und droht, sich zu rächen. Henrik wird schließlich der Schule verwiesen und gleichzeitig erfolgt eine Suspendierung, bis eine andere Schule zur Aufnahme von Henrik bereit ist. Parallel stellt Marvin eine Strafanzeige wegen Verleumdung und übler Nachrede. Eine Wiedergutma-

chung oder Entschuldigung durch Henrik erfolgen dennoch nicht. Die Unterstützer hingegen zeigen sich einsichtig, entscheiden sich dafür, sich bei ihm zu entschuldigen, und akzeptieren, sich innerhalb der Schule bei dem Aufbau eines Anti-Mobbing bzw. Cyber-Teams für Schüler*innen zu beteiligen.

6.3.2 Prävention

*Coolness Training für Täter*innen und gefährdete, gewaltbereite Mitschüler*
Das Coolnesstraining nach Rainer Gall (2011) kommt vor allem in Schulen zum Einsatz, an denen gewaltbereite Kinder und Jugendliche auffällig werden. Ziele dieses Trainings sind vorrangig, die eigene Handlungskompetenz in alltäglichen Konfliktsituationen u. a. in der Kommunikation mit Gleichaltrigen zu verbessern und deeskalierendes Verhalten zu erlernen.

Die Schüler*innen

- werden mit ihren eigenen Taten konfrontiert,
- sollen verstehen lernen, warum sie auf diese Weise handeln und
- was ihre Tat für die Opfer bedeutet.

Soziale Fertigkeiten wie die Wahrnehmung von eigenen Emotionen in Begegnungen und Auseinandersetzungen mit anderen innerhalb oder außerhalb von Gruppen werden vermittelt. Lösungsorientierte Verhaltensweisen in schwierigen Situationen werden eingeübt, indem Wege der aktiven Kommunikation der Betroffenen erlernt werden (z. B. wie spreche ich andere an, was teile ich mit, wie gehe ich auf sie zu etc.). Dabei reflektieren Jugendliche ihre eigenen Empfindungen bei erlebten Beleidigungen und Provokationen und lernen spontane Impulse zu steuern (u. a. gedanklich aus der Situation aussteigen, aus der Situation gehen, Gesagtes nicht zu ernst nehmen und nicht als Angriff auf die eigene Person sehen, sondern als Problem des Angreifers etc.). Aus Sicht der individuellen Schulsituation spielt der Aspekt der Andersartigkeit und Vielfalt eine wichtige Rolle: Die

Akzeptanz des Anderen, auch wenn man gegensätzliche Meinungen bezüglich Religion oder Politik hat, ohne aggressive Einstellungen zu entwickeln oder zu kommunizieren.

Die eingesetzten Methoden variieren zwischen körperbetonten Spielen, die definierten Regeln folgen müssen, oder Rollenspielen, in denen das Erleben von Konfliktsituationen geschult wird, beispielsweise durch das Durchleben der Täter*innen- und Opferrolle. Konfrontative Feedback-Runden sollen den Täter*innen ihr inakzeptables Verhalten vor Augen führen. Schließlich gehören auch Entspannungs- und Vertrauensübungen dazu. Wird die eigene Körperwahrnehmung durch Entspannung und gute Erfahrungen mit der Gruppe verbessert, kann sich dieses Wohlempfinden auch positiv auf die Atmosphäre innerhalb der Gruppe auswirken (Gall, 2011).

Die Effekte bei den Mittäter*innen des Cybermobbings im vorliegenden Fall sind deutlich erkennbar. Für die Jugendlichen war es wichtig, dass sich das Training mit ihnen, ihrer Situation und ihren Themen befasst. Anders als Henrik wollten sie sich mit ihrem Verhalten auseinandersetzen, um etwas zu verändern, aber sie wussten nicht, wie sie dies erreichen konnten. Dabei ist auch der Einbezug der Elternarbeit von Bedeutung. Ihnen wird angeboten, sich in einem regelmäßigen Round Table auszutauschen (s. Schulweite Prävention).

*Resilienzförderung für Marvin und andere exponierte Schüler*innen*
Eine wirksame Resilienzförderung soll im konkreten Fall verschiedene psychische Faktoren bei Marvin und den anderen Schüler*innen stärken. Die beteiligten Jugendlichen sollen die eigenen Fähigkeiten erkennen, um sich nachfolgend in unsicheren Situationen durch andere nicht aus der Ruhe bringen zu lassen. Wesentlich ist hierfür, gelassen in unsicheren Situationen zu bleiben und sich von Rückschlägen nicht lähmen zu lassen. Auch soll erlernt werden zu akzeptieren, dass man nicht von jedem gemocht oder geliebt werden muss. Es wird geübt, vermeintliche Misserfolge richtig einschätzen zu können und deren Ursachen angemessen zuzuschreiben. Dies erfordert die Fähigkeit, sich auf schwierige Situationen einstellen zu können, keine Angst vor Misserfolgen zu haben und sich nicht in eine

solche Rolle drängen zu lassen, die wiederum Anreize zu Cybermobbing geben könnte. Dieses Misserfolgs- und Beharrlichkeitstraining umfasst Wege der besseren Verarbeitung, Möglichkeiten entspannt zu bleiben und der erfolgreichen Emotionsregulation, um sich nicht alles übermäßig zu Herzen zu nehmen und gangbare Lösungswege zu erkennen. Den Jugendlichen wird vermittelt, wie sie aktiv nach Lösungen für Probleme in der Schule, mit Mitschülern oder den Eltern suchen können und wer sie dabei unterstützen kann.

Anti-Cybermobbing-Training für die gesamte Klasse

Für die Arbeit mit der gesamten Klasse findet als Sofortmaßnahme ein erster 3-stündiger Workshop statt, in dem ein speziell qualifizierter Mitarbeiter der Polizei das Thema Cybermobbing aus verschiedenen Perspektiven darstellt, inklusive der strafrechtlichen Seite. Dieser Workshop findet aber nicht an der Schule, sondern in den Räumlichkeiten der Polizei statt. So werden die Schüler*innen aus ihrer gewohnten Umgebung herausgeholt und mit der Anwesenheit der Exekutive konfrontiert. Diese Umgebung wirkt sich vielfach positiv auf die Aufnahmefähigkeit und Auseinandersetzung mit der Thematik aus. Erschienen sind alle Schüler*innen bis auf Marvin, der aktuell nicht zur Schule geht, und Henrik, der von der Schule suspendiert ist.

Auf diese Einführung, die bei vielen Schüler*innen einen nachhaltigen Eindruck hinterlässt, erfolgt die zweite Einheit unter Leitung des Schulpsychologen in den Schulräumen. In der Klasse wird zu Beginn ein Stuhlkreis gebildet. Durch die neue Anordnung entsteht eine veränderte Klassensituation. Die Arbeit startet mit einem Rollenspiel. Die Schüler*innen spielen das, was vorher zum Thema Cybermobbing angesprochen wurde. Sie erleben, wie es sich anfühlt Opfer zu sein oder Zuschauer, welche Emotionen und Gedanken entstehen, welche Ängste, Zweifel, aber auch welche Überlegenheitsgefühle man als Täter*innen haben kann. Es wird auch auf verschiedene Themenfelder eingegangen:

- Wie beginnt ein Streit? Begegnung auf dem Schulhof, zu langer Blickkontakt, Ausdruck und Blickdauer, Körperhaltung, Provokation, Schikanieren, peinliches gepostetes Foto auf WhatsApp.

- Verschiedene Situationen werden auf einer Skala von 0 bis 10 unter »Gewalt« und »keine Gewalt« eingestuft.
- Seine eigenen Interessen vertreten und andere schützen: Wie kann man sich in verschiedenen Situationen, die plötzlich in Gewalt umschlagen, richtig verhalten? Und wie kann man von außen eingreifen? Dabei wird gezeigt, wie wichtig es ist, sich nach außen bemerkbar zu machen, andere zu rufen oder zu Hilfe zu holen, ihnen über das Erlebte zu berichten; dies betrifft auch Freunde, Mitglieder z. B. der eigenen Facebook- oder WhatsApp-Gruppe sowie Meldestellen bei den sozialen Netzwerken.
- Beeinflussung von Gewalt durch andere über Gruppenprozesse: Was macht den/die eigentlichen Täter*innen so stark? Welche Bedeutung haben die Zuschauer? Wie kann man als Gruppe von außen dagegenhalten? Was bedeutet es, wenn man von anderen angefeuert wird oder wenn ein peinlich gepostetes Foto eines Mitschülers von vielen weitergeschickt wird und viele Likes erhält?
- Die Klasse diskutiert gemeinsam die Wirkung von Unterstützern – wie wirken sie sich schädlich für die Betroffenen aus und wie können sie aber auch positiv wirken, also z. B. weiteres Cybermobbing verhindern, die Opfer stärken und die Cybermobber schwach machen. Positive Reaktionen sind z. B. den Opfern öffentlich beistehen, im Netz und in der Schulklasse; den/die Täter*innen mit Nicht-Beachtung bestrafen und sanktionieren, z. B. auf dem Schulhof ausschließen und aus Online-Gruppen.

Im Zentrum des Workshops stehen somit Erkenntnis- und Empathieförderung sowie konkretes Hilfeverhalten und Normsetzung für ein positives Sozialverhalten innerhalb des Klassenverbandes.

Elterneinbindung

Auf Grund der signifikanten Gewaltproblematik an der Schule und der besonderen Eskalation von Cybermobbing im Fall Marvin entscheidet die Schulleitung, dass der Einbezug der Eltern bei der Prävention in Zukunft eine wichtigere Rolle spielen muss. Man entscheidet sich, die Elternarbeit zweigleisig zu gestalten: Die besondere Situation in

Marvins Klasse soll berücksichtigt werden und die Gesamtsituation innerhalb der Schule.

Um den Eltern die Lage in Marvins Klasse zu schildern und gemeinsam Lösungen zu diskutieren, wird explizit ein Elternabend für sie organisiert. Im Vorfeld wurde mit der Polizei und dem schulpsychologischen Dienst der Ablauf sowie die Themen definiert. Die Eltern der Cybermobber waren an diesem speziellen Elternabend nicht anwesend. Mit ihnen war in Vorgesprächen das weitere Vorgehen bereits geklärt worden. Während sich Henriks Eltern als wenig kooperativ erwiesen und weitere Maßnahmen schlicht ablehnten, waren die Eltern der Unterstützer bereit, sich der Situation zu stellen und die Maßnahmen der Schule zu akzeptieren, d. h. eine Entschuldigung und Wiedergutmachung sowie Unterstützung beim Aufbau des Cyberteams gegen Cybermobbing sowie die Hilfestellungen (z. B. das Coolness Training) anzunehmen.

Zunächst wurde an diesem Elternabend Cybermobbing als Verhaltensproblem geschildert, wobei die Täter*innengruppe nicht identifiziert wurde, um mögliche Diskussionen zu vermeiden. Explizit wurden die strafrechtlichen und auch die schulrechtlichen Folgen klar herausgestellt. Es wurden Hintergründe des Cybermobbings aufgezeigt und auf die Bedeutsamkeit von Resilienz auf der Täter*innen- und der Opferseite eingegangen. Die Rolle der Eltern als Ansprechpartner für Probleme, aber auch als Beobachter*innen für Verhaltensänderungen bei ihren Kindern wurde hervorgehoben sowie Strategien der verbesserten Kommunikation zwischen Eltern und Kindern angesprochen. Die Möglichkeit wurde beschrieben, dass sich Eltern eigene Kompetenzen über digitale Risiken aneignen und gleichzeitig ihren Kindern vermitteln.

Schulweite Prävention

Die Schule erklärt, dass sie einen Präventionsplan etablieren wird, der u. a. Maßnahmen zur Information und gezielten Unterstützung von Eltern beinhaltet. Neben den spezifischen Resilienz- und Anti Gewalttrainings für vulnerable Schüler*innen, die insbesondere auch auf kulturell bedingte Problemsituationen eingehen (s. Projekt https://www.mind-prevention.com/rethink-workshop), wird ein allgemeines Anti-Cybermobbing-Training etabliert, das in allen Klassen und Stufen altersgerecht stattfindet. Dabei wird das Programm Peacemaker eingesetzt, bei dem Schüler*innen in der gesamten Schule Streit und Konflikte verhindern bzw. aufarbeiten und lösen sollen.

Das Peacemaker-Programm wurde vom Verein NCBI Schweiz entwickelt. Die Ausbildung der jugendlichen Peacemaker (1 ½ Tage) wird von schulexternen Fachpersonen durchgeführt, das gesamte Programm kann jedoch später von der Schule übernommen werden, sobald sich Lehrpersonen zu Peacemaker-Ausbilder*innen qualifizieren lassen. Die Peacemaker werden nach der Ausbildung ein Jahr lang von zwei Betreuungslehrpersonen und der externen Fachperson begleitet. Um Peacemaker zu werden, müssen Jugendliche (i. d. R. jeweils ein Mädchen und ein Junge aus einer Klasse) von ihren Mitschüler*innen aus der Klasse gewählt werden. Ziel des Peacemaker-Programms ist es, Gewalt an Schulen abzubauen bzw. zu verhindern. Dadurch, dass alle erwachsenen Akteur*innen ebenfalls die Grundausbildung wie die Peacemaker durchlaufen sowie Klassenworkshops und Friedenswochen im Zusammenhang mit der Programmeinführung stattfinden, soll sich auch die Schulkultur verändern und ein friedliches Lernklima geschaffen werden. Die Peacemaker werden mit kommunikativen Strategien ausgerüstet, um auf dem Schulhof, in der Klasse, aber auch auf dem Schulweg bei jüngeren und gleichaltrigen Schüler*innen deeskalierend einzugreifen und so zu einem positiven, sich gegenseitig akzeptierenden Umgang beizutragen.

Für eine direkte und schnelle Beratung von Cybermobbing Betroffenen richtet die Schule ein Cyber-Beratungsteam ein, das zum Großteil aus Jugendlichen besteht (peer-to-peer-Konzept). Das Cyberteam gilt auch als Ansprechpartner für andere digitale Probleme (z. B. Cybergrooming). Die Teammitglieder sind äußerlich durch das Tragen von besonderen Kleidungsstücken erkennbar und offline wie online zu erreichen. Sie organisieren Informationsveranstaltungen für Schüler*innen zu neuen digitalen Themen und Risiken. Um die verschiedenen Maßnahmen durchführen und begleiten zu können ist ein zentraler Baustein Kompetenz und selbstsicherer Umgang mit Gewalt, Mobbing oder Cybermobbingproblemen der Lehrer*innen. Diese werden zukünftig an der Schule durch Fortbildungen gefördert und geschult.

Die Schule sieht als wichtiges Element der Präventionsarbeit die Einbindung der Eltern. Zum einen möchte sie neue Eltern-Informationskanäle etablieren. Hierzu wird die Schule zukünftig einen Eltern-Newsletter herausbringen, der von den Jugendlichen mitgestaltet wird und der nicht nur über Cybermobbing und das Vorgehen an der Schule, sondern auch immer über aktuelle Themen und Neuigkeiten im digitalen Raum berichten wird. Ergänzt wird der Newsletter über einen entsprechenden Flyer, den die Schüler*innen dann mit nach Hause nehmen können, da nicht jeder der Eltern digital aktiv bzw. interessiert ist. Auch wird man den Newsletter wie die Flyer mehrsprachig aufsetzen, um die Eltern mit Migrationshintergrund besser erreichen zu können. Zusätzlich wird die Schule eine Elternkontaktstelle für Problemansprache einrichten, die auch digital erreichbar ist.

Ergänzend wird ein Elterntraining zu Themen wie Gewalt und Cybermobbingprävention sowie eine Informationsreihe als Abendveranstaltung zu aktuellen digitalen Themen und Risiken angeboten. Diesbezüglich kooperieren mehrere Schulen miteinander, um eine größere Reichweite zu erlangen, aber auch einen Synergieeffekt aus den Erfahrungen der Partnerschulen und den dortigen Kolleg*innen erzielen zu können.

Aufgrund der massiven Gewaltsituation wird Erziehungsberatung von qualifizierten Expert*innen in Form des Elterntrainings Triple P angeboten (https://www.triplep.de/de-de/was-ist-triple-p/die-welt-von-triple-p/). Triple P (Positive Parenting Practices) (Sanders 1999) bewirkt eine Unterstützung von Eltern und Familien, u.a. um Verhaltensproblemen im Kindes- und Jugendalter entgegen zu wirken. Das Programm besteht aus verschiedenen Ebenen/Stufen – Eltern sollen selbstbewusst ihre Kinder in problematischen Situationen unterstützen sowie schwierige familiäre Lagen lösen können. Die Erfahrungen zeigen, dass sich Verhaltensauffälligkeiten wirksam und nachhaltig reduzieren und die Beziehungen zwischen Eltern und Kindern positiv beeinflusst werden. Triple P ist für Eltern von Kindern bis 12 Jahre und Teen Triple P für Eltern von 12- bis 16-Jährigen konzipiert. Darüber hinaus gibt es spezielle Programmvarianten, z. B. für Eltern von Kindern mit einer Behinderung (Stepping Stones) oder für Eltern, die sich gerade voneinander trennen (Family Transitions).

Und schließlich wird die Schule einen Round Table für betroffene Eltern von verhaltensauffälligen Schüler*innen etablieren. Dieses Element ist an das Programm »Families and Schools Together (FAST)« angelehnt. Eltern treffen sich zumeist zwei Monate lang, einmal wöchentlich in der Schule, tauschen sich während der expertengeleiteten Treffen aus, werden in Erziehungskompetenzen geschult und erhalten Aufgaben, die sie selbständig zu Hause lösen sollen. Eltern werden z. B. darin geschult, Veränderungen ihrer Kinder im Verhalten, in der Online/Smartphonenutzung oder im Umgang mit anderen frühzeitig zu erkennen, bei bestimmten Themen informiert und kompetent aufzutreten und Regeln durchsetzen zu können. Sukzessive werden Kompetenzen und Verantwortung auf die Eltern übertragen, denn die zukünftigen Treffen finden in Eigenregie statt. Die Erkenntnisse zu dieser Interventionsarbeit sind äußerst positiv, so zeigt sich eine Abnahme externalisierender Verhaltensauffälligkeiten und eine Verbesserung von Sozialkompetenzen und auch der Schulleistungen (www.familiesandschools.org).

6.3.3 Schlussbetrachtung

Die durchgeführten Maßnahmen und der Einsatz der Schule bewirken Veränderungen. Nicht nur, dass Marvin sich entschieden hat, an der Schule und in der Klasse zu bleiben, auch das Klassenklima hat sich erheblich verbessert. Konflikte werden häufiger unmittelbar angesprochen. Die ehemaligen Cybertäter*innen sind interessiert, ihre soziale Position in dieser veränderten Lage zu verbessern, und bereit, sich im Cyberteam zu engagieren; einige sind mittlerweile Teil der Online-Beratungs-Hotline.

Ein wesentlicher Teil der Entwicklung in der Klasse ist auf die konsequente Suspendierung von Henrik zurückzuführen. Dies zeigt gleichzeitig, wie wichtig es ist, Gruppenprozesse zu steuern und Jugendliche aus ihrem gewohnten Peer-Umfeld herauszuholen, um neue soziale Beziehungen zu ermöglichen und Verhaltensweisen vermitteln zu können. Für Henrik wurde eine Übergangslösung gefunden: Er wird eine neue Schule besuchen, muss sich aber mit einer Strafanzeige auseinandersetzen, da Marvin sich entschieden hat, rechtlichen Beistand einzuholen.

Auf Schulebene zeigen sich erste positive Zeichen der Veränderung. Zahlreiche Eltern nehmen das Beratungsangebot an, auch die schulweiten Trainingsangebote finden zunehmend mehr Teilnehmer*innen. Der Widerstand gegen Resilienz- und Anti-Gewalttraining seitens der Eltern ist zurückgegangen.

Das Deeskalations-Team (Peacemaker) auf dem Schulhof meldet ebenso positive Effekte: Streitigkeiten werden in ihren Anfängen abgewehrt und die Zahl der körperlichen Übergriffe geht zurück. Parallel hat sich das Image der Schule verbessert; sie gilt mittlerweile als Anti-Mobbing-Gewalt-Schule, was sich in steigenden Anmeldezahlen abbildet.

Erfahrungsgemäß ist die Implementierung von Präventions- und Interventionsprogrammen dann erfolgreich, wenn sie über einen längeren Zeitraum laufen. Stark gewaltbereite Schüler*innen können durch Interventionsprogramme aber nicht immer erreicht werden. In vielen Fällen ist hier eine multisystemische Psychotherapie wirksam, die sowohl das familiäre als auch das schulische System und die Peergruppe in den Fokus nimmt.

7

Abschließende Bemerkungen

Durch digitale Kommunikationsmöglichkeiten erreicht das klassische Mobbing eine neue Dimension. Dabei wird das Smartphone immer mehr zur Smart Weapon. Technisch gesehen ist Cybermobbing von überall »kinderleicht« möglich, mit einem Klick sind Fotos oder Videos gemacht und online gestellt, Facebook-Profile frei erfunden bzw. gefaked oder Hass-Gruppen über WhatsApp gebildet. Die Täter*innen entfernen sich dadurch auch psychologisch immer mehr von ihren Opfern. Das physische Nicht-Erleben der Reaktionen der Opfer verringert die Fähigkeit, »digitale Empathie« zu empfinden. Das Handeln vom Touchscreen oder Bildschirm aus, ohne echte Teilnahme, verändert die eigene Wahrnehmung drastisch. De-Individuationsprozesse führen dazu, dass bekannte moralisch richtige Handlungsweisen oder Normen nicht mehr wirklich empfunden werden. Auf diese Weise werden auch »neue Normen« übernommen und aggressives Verhalten kann sich in das Verhaltensrepertoire einschleichen, teilweise mit der Folge, dass zunehmend Gewaltformen auch online erlernt werden können.

Deshalb sind Prävention und Intervention sowie Schutz und Hilfekonzepte, die zukünftig in allen Altersklassen und auf unterschiedlichen Ebenen ansetzen, fundamental wichtig. Schulen spielen dabei eine tragende Rolle. Die Ausführungen des vorliegenden Buches zeigen, dass bereits die Fokussierung der Problematik Cybermobbing zu einer deutlichen Veränderung in der allgemeinen Wahrnehmung an den Schulen führt. Das Ernstnehmen der Auswirkungen für die Betroffenen auf schulischer Ebene und in den Familien ist dabei vielfach der Ausgangspunkt für eine dynamische Auseinandersetzung und damit der Ausgangspunkt, um Prävention konkret anzugehen.

Gerade in schwierigen Ausgangslagen ist häufig der Wille zu Veränderungen besonders stark und damit auch das Engagement. Allerdings fehlen häufig grundlegende Kenntnisse. Dieses Buch sollte einen Beitrag zur praktischen Arbeit für die Etablierung eines umfassenden Präventionskonzeptes leisten.

8

Ressourcen

Hier werden externe Ansprechpartner*innen, Hilfemodule, Beispiele für den Schulunterricht sowie evaluierte Präventionskonzepte dargestellt.

8.1 Hilfe und Rat bei Cybermobbing

Schutz vor Cybermobbing
Weisser Ring:
https://weisser-ring.de/praevention/projekte/juuuport-kooperation

Juuuport
Cybermobbing-Hilfe | Wir beraten Dich online! | www.juuuport.de

Save-me-online
Krise? Onlineberatung für Kinder und Jugendliche - N.I.N.A. e. V.
https://nina-info.de/online-beratung

Nummer gegen Kummer
Online-Beratung für Kinder und Jugendliche | Nummer gegen Kummer https://www.nummergegenkummer.de/

Polizei
https://www.polizei-beratung.de/themen-und-tipps/gefahren-im-internet/cybermobbing/

Bündnis gegen Cybermobbing
https://www.buendnis-gegen-cybermobbing.de/

Freiwillige Selbstkontrolle Multi Media
FSM | Beschwerdestelle: https://www.fsm.de/fsm/beschwerdestelle/

Kinderschutzzentren
https://www.kinderschutz-zentren.org/hilfe-fuer-kinder

Aktion Jugendschutz Landesstelle Baden-Württemberg
https://www.ajs-bw.de/jugendschutzbasics.html

Arbeitsgemeinschaft Kinder- und Jugendschutz Hamburg e.V. | ajs
https://www.ajs-hamburg.de/

Arbeitsgemeinschaft Kinder und Jugendschutz NRW
https://ajs.nrw/

8.2 Praktische Beispiele für den Schulunterricht zu »Cybermobbing«

Helden e.V.: Mobile pädagogische Escape Rooms zu den Themen Cybermobbing (Tom) und Cybergrooming (Emma), die sowohl als Baustein der Heldenakademie als auch als Tagesworkshop gebucht werden können. Durch den immersiven Rahmen der Escape Rooms tauchen die Jugendlichen in eine fiktive Geschichte ein und erleben so auf eindringliche Art und Weise einen Cybermobbing- bzw. Cybergrooming-Fall aus der Sicht von Emmas bzw. Toms Mitschüler*innen.
https://www.helden-ev.de/mobile-paedagogische-escape-rooms/

Das mobile Jugend *Theaterstück Younet* ist ein Theaterstück gegen Cybermobbing, welches von Lehrer*innen, Schulsozialarbeiter*innen, Jugendämtern, Städten oder sozialen Einrichtungen gebucht werden kann.
https://www.sotano-theaterproduktionen.de/wir/

Comic on: r@usgemobbt.de ist ein Theaterstück zum Thema Cybermobbing und Medienkompetenz für 3. bis 5. Klassen.
https://www.comic-on.de/theaterstuecke/rausgemobbt-de/

Medienpaket zu Cybermobbing für Arbeit in den Schulen
https://www.klicksafe.de/service/aktuelles/news/detail/planet-schule-neues-medienpaket-zu-cybermobbing/

Unterrichtsbeispiele Landesmedienzentrum Bayern
https://mebis.bycs.de/beitrag/cybermobbing-dsdz

Planet Schule *Unterrichtsmaterialien*
https://www.planet-schule.de/schwerpunkt/elli-online/cybermobbing-unterricht-100.html

Deutsche Gesetzliche Unfallversicherung
https://www.dguv-lug.de/sekundarstufe-i/sucht-und-gewaltpraevention/cybermobbing/

Deutscher Bildungsserver
https://www.bildungsserver.de/Mobbing-und-Cybermobbing-12587-de.html

8.3 Präventionskonzepte gegen Cybermobbing und Mobbing/Gewalt

Medienhelden, Prof. Scheithauer Freie Universität Berlin
https://www.medienhelden.info/

SurFair, Prof. Pieschel Technische Universität Darmstadt
https://www.dieinitiative.de/steckbrief-schule/surf-fair-schluss-mit-cybermobbing/

KiVA, Prof. Salmivalli, Universität Turku
KiVa is an anti-bullying programme | KiVa Antibullying Program | Just another KiVa Koulu site (kivaprogram.net)

Prävention im Team: PIT ist ein längerfristiges Basistraining allgemeiner Lebenskompetenzen (Life Skills Konzept); Inhalte: Gewalt, Sucht, Eigentum, Lebenskompetenztraining, Neue Medien und Gewalt; Herausgeber Bayerisches Staatsministerium für Unterricht und Kultus Bayerisches Staatsministerium des Innern.
https://www.isb.bayern.de/schulartspezifisches/materialien/praevention-im-team/

Prävention im Team in der Grundschule, Landesinstitut Schleswig-Holstein für Praxis und Theorie (ITPS), Kiel, 2004
https://docplayer.org/17601087-Pit-praevention-im-team-in-der-grundschule-pit-praevention-im-team-in-der-grundschule-1.html

Mentorenprogramm Digitale Helden: Das Projekt »Digitaler Notfall« soll Pädagog*innen unterstützen, digitalen Konflikten vorzubeugen, sie zu erkennen und zu lösen. Hate Speech, Diskriminierungen, Herabwürdigungen, Volksverhetzung und Beleidigungen im Netz sind digitale Gewaltphänomene, die Jugendlichen häufig begegnen.
https://digitale-helden.de/angebote/digitaler-notfall/

9

Literatur

Anderson, M. (2018). »A Majority of Teens Have Experienced Some Form of Cyberbullying«. Pew Research Center, September 2018.

Arbeiterkammer Steiermark (2019). Mobbing und Gewalt im Schulbereich. Eine Bestandsaufnahme unter steirischen Schülerinnen und Schülern, ergänzt um qualitative Gespräche mit Expertinnen und Experten aus unterschiedlichen Bereichen. https://static1.squarespace.com/static/5148b895e4b052d00329bc21/t/5db8174646fc6c264078066c/1572345676747/PA+48_Mobbing_Presseunterlage.pdf [Zugriff: 12.07.2021].

Athanasiou, K., Melegkovits, E., Andrie, E.K., Magoulas, C., Tzavara, K., Richardson, C., Greydanus, D., Tsolia, M. & Tsitsika, A.K. (2018). Cross-national aspects of cyberbullying victimization among 14–17-year-old adolescents across seven European countries. BMC Public Health (2018)ttps://doi.org/10.1186/s12889-018-5682-4. https://bmcpublichealth.biomedcentral.com/articles/10.1186/s12889-018-5682-4#Sec15 [Zugriff: 15.03.2021].

Baier, D. (2020). Jugendgewalt in Coronazeiten – Langfristig wird uns ein Problem ins Haus stehen. https://www.srf.ch/news/schweiz/jugendgewalt-in-coronazeiten-kriminologe-langfristig-wird-uns-ein-problem-ins-haus-stehen [Zugriff: 15.05.2021].

Balakrishnan, V. (2015). Cyberbullying among young adults in Malaysia: The roles of gender, age and Internet frequency. Computers in Human Behavior, 46, 149–157.

Barlińska, J., Szuster, A. & Winiewski, M. (2013). Cyberbullying among adolescent bystanders: Role of the communication medium, form of violence, and empathy. Journal of Community & Applied Social Psychology, 23(1), 37–51.

Bastiaensens, S., Vandebosch, H., Poels, K., Van Cleemput, K., DeSmet, A. & De Bourdeaudhuji, I. (2014). Cyberbullying on social network sites. An experimental study into bystanders' behavioural intentions to help the victim or reinforce the bully. Computers in Human Behavior, 31, 259–271.

Beitzinger, F., Leest, U. & Schneider, C. (2020). Cyberlife III. Spannungsfeld zwischen Faszination und Gefahr Cybermobbing bei Schülerinnen und Schülern. Dritte empirische Bestandsaufnahme bei Eltern, Lehrkräften und Schüler/-innen in Deutschland (Folgestudie von 2013 und 2017). Bündnis gegen Cybermobbing, Karlsruhe.

Beland, K. (1988). Second Step. A violence-prevention curriculum. Grades 1–3. Seattle: Committee for Children.

Beland, K. (1991). Second Step. A violence-prevention curriculum. Preschoolkindergarten. Seattle: Committee for Children.

Belsey, B. (2005). Cyberbullying: An emerging threat to the always on generation. http://www.cyberbullying.ca [Zugriff: 21.11.2022].

Beran, T. & Li, Q. (2005). Cyber-harassment: A new method for an old behaviour. Journal of Educational Computing Research, 32(3), 265–277.

Berg, A. (2019). Kinder und Jugendliche in der digitalen Welt https://www.bitkom.org/sites/default/files/2019-05/bitkom_pk_charts_kinder_und_jugendliche_2019.pdf [Zugriff: 10.10.2020].

Bernath, J., Suter, L., Waller, G., Külling, C., Willemse, I. & Süss, D. (2020). JAMES-Studie 2020. https://www.zhaw.ch/de/psychologie/forschung/medienpsychologie/mediennutzung/james/#c159101

Blurred Lives Project. Home – Blurred Lives - Open Universiteit (ou.nl)

Bradshaw, C.P., Waasdorp, T.E., Goldweber, A. et al. (2013). Bullies, Gangs, Drugs, and School: Understanding the Overlap and the Role of Ethnicity and Urbanicity. J Youth Adolescence 42, 220–234.

Brewer, G. & Kerslake, J. (2015). Cyberbullying, Self-Esteem, Empathy and Loneliness. Computers in Human Behavior, 48, 255–260.

9 Literatur

Bushman, B. J., Bonacci, A. M., Pedersen, W. C., Vasquez, E. A. & Miller, N. (2005). Chewing on it can chew you up: Effects of rumination on triggered displaced aggression. Journal of Personality and Social Psychology, 88(6), 969–983.

Chan, H. C. & Wong, D. S. (2016). Traditional school bullying and cyberbullying perpetration: Examining the psychosocial characteristics of Hong Kong male and female adolescents. Youth & Society, 1–27.

Cross, D. (July 2008). Cyberbullying: International comparisons, implications, and recommendations, July, Wurzburg, Germany: Paper presented at the 20th biennial meeting of the International Society for the Study of Behavioural Development.

Cross, D., Epstein, M., Clark, S. & Lester, L. (July 2008). Cyber bullying in Australia: Trends and recommended responses, July, Wurzburg, Germany: Paper presented at the 20th biennial meeting of the International Society for the Study of Behavioural Development.

Daneback, K., Ylva, B., Machackova, H., Sevcikova, A. & Dedkova, L. (2018). Bullied Online but Not Telling Anyone. What Are the Reasons for Not Disclosing Cybervictimization? Studia Paedagogica, 23(4), 119–128.

DeHue, F., Bolman, C. & Völlink, T. (2008). Cyberbullying: Youngsters' experiences and parental perception. Cyberpsychology & Behavior, 11(2), 217–223.

DeSmet, A., Veldeman, C., Poels, K., Bastiaensens, S., Van Cleemput, K., Vandebosch, H. & De Bourdeaudhuij, I. (2014). Determinants of Self-Reported Bystander Behavior in Cyberbullying Incidents Amongst Adolescents. Cyberpsychology, Behavior, and Social Networking, 17(4), 207–215.

Drummond, T. (1993). The Student Risk Screening Scale (SRSS). Grants Pass, OR: Josephine County Mental Health Program.

Erdur-Baker, Ö. (2010). Cyberbullying and its correlation to traditional bullying, gender and frequent and risky usage of internet-mediated communication tools. New Media & Society, 12(1), 109–125.

Ey, L.-A., Walker, S. & Spears, B. (2019). Young children's thinking about bullying: personal, social-conventional and moral reasoning perspectives, Australasian journal of early childhood 44 (2), 196–210.

Felder-Puig, R. & Teufl, L. (2020). Gewalt unter österreichischen Schülerinnen und Schülern HBSC-Factsheet 04: Ergebnisse der HBSC-Studie 2018. Bundesministerium für Soziales, Gesundheit, Pflege und Konsumentenschutz (BMSGPK).

Fannrich-Lautenschläger, I. (2019). Benachteiligte Jugendliche. Umfrage zu Cybermobbing: Deutsche Jugendliche öfter Opfer und Täter als andere Europäer. https://www.focus.de/familie/bildungsreport/cybermobbing_id_11010205.html [Zugriff: 24.10.2020].

Finkelhor, D., Mitchell, K. & Wolak, J. (2000). Online victimization: A report on nation's youth, University of New Hampshire, National Center of Missing & Exploited Children.

Floros, G.D., Simos, K. E., Fisoun, V., Dafouli, E. & Geroukalis, D. (2013). Adolescent online cyberbullying in Greece: The impact of parental online security practices, bonding, and online impulsiveness. Journal of School Health, 83(6), 445–453.

Foody, M., McGuire, L., Kuldas, S. & O'Higgins, N.J. (2019). Friendship Quality and Gender Differences in Association With Cyberbullying Involvement and Psychological Well-Being. https://www.ncbi.nlm.nih.gov/pmc/articles/PMC 6993626/ [Zugriff: 15.05.2021].

Frey, K. S., Hirschstein, M. K. & Guzzo, B. A. (2000). Second Step: Preventing aggression by promoting social competence. Journal of Emotional and Behavioral Disorders, 8(2), 102–112.

Gall, R. (2011). Curriculum und Methodik des Coolness-Trainings. In: J. Weidner & R. Kilb (Hrsg.), Handbuch Konfrontative Pädagogik. Weinheim: Juventa Verlag.

Glüer, M. (2021). Digitale Medienkompetenz und Cyberbullying, Psychologische Förder- und Interventionsprogramme für das Kindes- und Jugendalter, 10.1007/978-3-662-61160-9_17, (275-286).

Goodman, R. (1997): The Strengths and Difficulties Questionnaire. A research note. Journal of Child Psychology and Psychiatry, 38, 581–586.

Gordon, T. (1989). Lehrer-Schüler-Konferenz: Wie man Konflikte in der Schule löst. München: Heyne Verlag.

Gradinger, P., Strohmeier, D. & Spiel, C. (2009). Traditional Bullying and Cyberbullying. Identification of Risk Groups for Adjustment Problems. Journal of Psychology, 217(4), 205–213.

Hassinen, H. (2018). Survey: Many teens in Finland face cyberbullying. A poll of youngsters in Finland suggests that a majority have experienced exclusion, insults or harassment online. https://yle.fi/news/3-10481812 [Zugriff: 15.03.2021].

Heiman T. & Olenik-Shemesh D. (2015). Cyberbullying Experience and Gender Differences Among Adolescents in Different Educational Settings. Journal of Learning Disabilities 48(2), 146–155.

Hess, M., Schultze-Krumbholz, A. & Scheithauer, H. (2020). Wirkung des Präventionsprogramms »Medienhelden« auf den Zusammenhang von traditionellem sowie Cybermobbing und internalisierenden Auffälligkeiten. Kindheit und Entwicklung, 29, 92–100.

Hinduja S. (2008). Deindividuation and Internet software piracy. Cyberpsychol Behav. 11(4), 391–398.

Hinduja, S. & Patchin, J. W. (2015). Bullying Beyond the Schoolyard: Preventing and Responding to Cyberbullying (2nd Ed.). Thousand Oaks, CA: Sage Publications.

Hinduja, S. & Patchin, J. W. (2019). Cyberbullying: Identification, Prevention, Response. Cyberbullying Research Center (cyberbullying.org). URL: https://cyberbullying.org/Cyberbullying-Identification-Prevention-Response-2019.pdf [Zugriff: 24.10.2019].

Hinduja, S. & Patchin, J.W. (2008). Cyberbullying: An exploratory analysis of factors related to offending and victimization. Deviant Behavior, 29(2), 129-156.

Hinduja, S. & Patchin, J.W. (2010). Bullying, Cyberbullying and Suicide. Archives of Suicide Research, 14, 206–221.

Hochmuth, A. & Pickel, M. (2009). Gewalt an Grundschulen. Theoretische Betrachtung und Einblicke in die Praxis des Schulalltags.

Jäger, R. S., Fischer, U., Riebel, J. & Fluck, L. (2007). Mobbing bei Schülerinnen und Schülern in der Bundesrepublik Deutschland. Eine empirische Untersuchung auf der Grundlage einer Online-Befragung. Koblenz-Landau: Zentrum für empirische pädagogische Forschung (zepf), Universität Koblenz-Landau.

JIM Studie 2020. Medienpädagogischer Forschungsverbund Südwest.

Jones, L.M., Mitchell, K.J. & David Finkelhor (2013). Online Harassment in Context: Trends From Three Youth Internet Safety Surveys (2000, 2005, 2010). Psychology of Violence, 3 (1), 53–56.

Kaiser, S., Kyrrestad, H. & Fossum, S. (2020). Cyberbullying status and mental health in Norwegian adolescents. Scandinavian Journal of Psychology, 61,707–713.

Katzer, C. (2009). Cyberbullying in Germany – What has been done and what is going on. Journal of Psychology/Zeitschrift für Psychologie, 217(4), 222–223.

Katzer, C. (2011a). Das Phänomen Cyberbullying – Genderaspekte und medienethische Konsequenzen. In: P. Grimm & H. Badura (Hrsg.), Medien – Ethik – Gewalt. Neue Perspektiven. Schriftenreihe Medienethik (Band 10). Stuttgart: Franz Steiner Verlag.

Katzer, C. (2011b). Das Internet als Tatort: Cyberbullying und sexuelle Gewalt – Wer sind die Täter*innen, wer wird zu Opfern? In: Landesstelle Jugendschutz Niedersachsen (Hrsg.), Cybermobbing – Medienkompetenz trifft Gewaltprävention, Hannover.

Katzer, C. (2013). Cybermobbing – Wenn das Internet zur Waffe wird. Heidelberg: Springer Verlag.

Katzer, C. (2016a). ARAG Digital Risks Survey. https://www.arag.com/medien/pdf/presse/arag_digital_risks_survey.pdf [Zugriff: 15.05.2021].

Katzer, C. (2016b). Cyberpsychologie – Leben im Netz – Wie das Internet und verändert. München: dtv.

Katzer, C. (2018). Die Psychologie der digitalen Lüge – Meinungsbildung 4.0: Warum Hass, Hetze & Fake News so gut funktionieren. In: P. Limbourg & R. Grätz (Hrsg.), Medienkulturen 4 –Meinungsmache im Netz: Fake News, Bots und Hate Speech. Steidl.

Katzer, C. (2020). Digitale Bildung benötigt eine cyberpsychologische Perspektive. In: R. Fürst (Hrsg.), Digitale Bildung und Künstliche Intelligenz in Deutschland – Nachhaltige Wettbewerbsfähigkeit und Zukunftsagenda. Heidelberg: Springer Verlag.

Katzer, C. & Fetchenhauer, D. (2007). Cyberbullying: Aggression und sexuelle Viktimisierung in Chatrooms. In: M. Gollwitzer, J. Pfetsch, V. Schneider, A. Schulz, T. Steffke & C. Ulrich (Hrsg.), Gewaltprävention bei Kindern und Jugendlichen. Band I: Grundlagen zu Aggression und Gewalt in Kindheit und Jugend (S. 123-138). Göttingen: Hogrefe.

Katzer, C. (2017). Unveröffentlichter Bericht. Gespräche an mehreren Schulen zum Thema Cybermobbing aus den Jahren 2013 und 2014.

Katzer, C. (2019). Negative Cyber Effects: Why Digital Technologies Contribute to Aggression and Decrease the Ability to Judge the Credibility of Digital Lies (Fake News). In: M.F. Wright (Hrsg.), Digital Technology- Advances in Research and Applications. Hauppauge: Nova science publishers. (Kapitel 8).

Katzer, C., Fetchenhauer, D. & Belschak, F. (2009a). Cyberbullying in Chatrooms – Who are the victims? Journal of Media Psychology, 21(1), 25–36.

Katzer, C., Fetchenhauer, D. & Belschak, F. (2009b). Einmal Bully, immer Bully? Ein Vergleich von Chatbullying und Schulbullying aus der Täter*innenperspektive. Zeitschrift für Entwicklungspsychologie und Pädagogische Psychologie, 41(1), 33-44.

Kliem, S., Krieg, Y. & Baier, D. (2020). Allgemeine und spezifische Entwicklung von Cybermobbing unter Jugendlichen. Ergebnisse aus einer repräsentativen Befragung unter niedersächsischen Schülerinnen und Schülern. Kindheit und Entwicklung, 29, 67-74.

Kolodej, C. (2011). Mobbing im Medienkontext. In: P. Grimm & H. Badura (Hrsg.), Medien – Ethik – Gewalt. Neue Perspektiven. Schriftenreihe Medienethik (Band 10). Stuttgart: Franz Steiner Verlag.

Kowalski, R. M. & Limber, S. P. (2013). Psychological, physical, and academic correlates of cyberbullying and traditional bullying. Journal of Adolescent Health, 53(1), S13–S20.

Kowalski, R. M., Giumetti, G. W., Schroeder, A. N. & Lattanner, M. R. (2014). Bullying in the digital age: A critical review and meta-analysis of cyberbullying research among youth. Psychological Bulletin, 140(4), 1073–1137.

Kowalski, R. M., Limber, S. P. & Agatston, P. W. (2008). Cyber bullying: Bullying in the digital age. Malden, MA: Blackwell Publishing.

Kowalski, R.M. & Allison Toth, A. (2018). Cyberbullying among Youth with and without Disabilities. Journal of Child Adolescent Trauma 11, 7–15

Låftman, S.B., Modin, B. & Östberg, V. (2013). Cyberbullying and subjective health: A large-scale study of students in Stockholm, Sweden. Children and Youth Services Review, 35(1), 112–119.

Leest, U. & Schneider, C. (2017). Cyberlife II. Spannungsfeld zwischen Faszination und Gefahr. Cybermobbing bei Schülerinnen und Schülern. Zweite empirische Bestandsaufnahme bei Eltern, Lehrkräften und Schülern/ innen in Deutschland (Folgestudie von 2013). Bündnis gegen Cybermobbing, Karlsruhe.

Li, Q. (2006). Cyberbullying in schools: A research of gender differences. School Psychology International, 27(2), 157–170.

Li, Q. (2007). New bottle but old wine: A research on cyberbullying in schools. Computers and Human Behaviour, 23(4), 1777–1791.

Macháčková, H., Dedkova, L. & Mezulanikova, K. (2015). Brief report: The bystander effect in cyberbullying incidents. Journal of Adolescence, 43, 96–-99.

Mansour, A. (2021). Unterdrückung im Namen der Ehre. https://www.tagesspiegel.de/berlin/psychologe-ahmad-mansour-im-interview-unter drueckung-im-namen-der-ehre/27492952.html [Zugriff: 15.09.2021].

Müller, C. M., Hofmann, V., Hinni, C., Müller, X., Begert, T. & Zurbriggen, C. (2016). Häufigkeitsunterschiede von Cyberviktimisierung zwischen verschiedenen Bildungsgängen – Das Ergebnis unterschiedlich ausgeprägter Mediennutzung? Schweizerische Zeitschrift für Bildungswissenschaften 38 (2), 199–220.

Ortega, R., Elipe, P., Mora-Merchán, J. A., Genta, M. L., Brighi, A., Guarini, A. et al. (2012). The emotional impact of bullying and cyberbullying on victims: A European cross-national study. Aggressive Behavior, 38(5), 342–356.

Patchin, J. W. & Hinduja, S. (2010). Cyberbullying and self-esteem. Journal of School Health, 80(12), 614–621.

Patchin, J. W. & Hinduja, S. (2006). Bullies move beyond the schoolyard: A preliminary look at cyberbullying. Youth Violence and Juvenile Justice, 4(2), 148–169.

Peter, I. K. & Petermann, F. (2018). Cybermobbing im Kindes- und Jugendalter. Göttingen: Hogrefe.

Petermann, F. & Petermann, U. (2014): Aggressionsdiagnostik. Göttingen: Hogrefe.

Petermann, U. & Petermann, F. (2012). Training mit aggressiven Kindern. Weinheim: Beltz Verlag.

Petras, I. K. & Petermann, F. (2019). Übersicht zu Risikofaktoren für Cybermobbing-Viktimisierung im Kindes- und Jugendalter und Empfehlungen für die Präventionsarbeit. Zeitschrift für Psychiatrie, Psychologie und Psychotherapie, 67, 203–220.

Pfetsch, J. (2011). Studie »Bystander bei Cyber-Mobbing«. Berlin: Technische Universität.

Pfetsch, J. (2016). Who is who in Cyberbullying? Conceptual and Empirical Perspectives on Peers Bystanders in Cyberbullying. In: M.F. Wright (Ed.), A Social-Ecological Approach to Cyberbullying (pp. 121–149). Hauppauge: Nova Science Publishers.

Piks Prävention: https://www.marburg.de/portal/meldungen/piks-programm-nun-auch-fuer-marburgs-kinder-sowie-aeltere-jahrgangsstufen-900006110-23001.html

Piks Prävention: https://www.uni-marburg.de/de/fb04/team-cohrs/aggression-gewalt-praevention-1/gewaltpraevention-in-kindergaerten-und-schulen-piks

Porsch, T. & Pieschel, S. (2014). Cybermobbing unter deutschen Schülerinnen und Schülern: Eine repräsentative Studie zu Prävalenz, Folgen und Risikofaktoren. Diskurs Kindheits- und Jugendforschung 1, 7–22.

Pro Juventute (2021a). Pro-Juventute schlägt Alarm. https://www.toponline.ch/news/schweiz/detail/news/pro-juventute-schlaegt-alarm-fast-doppelt-so-viele-interventionen-00152820/ [Zugriff: 20.03.2021].

Pro Juventute (2021b). Pro-Juventute Corona Report. https://www.projuventute.ch/sites/default/files/2021-02/Pro-Juventute-Corona-Report-DE.pdf, [Zugriff: 28.10.2021].

Rao, J., Wang, H., Pang, M., Yang, J., Zhang, J., Ye, Y., Chen, X., Wang, S. & Dong X. (2019). Cyberbullying perpetration and victimisation among junior and senior high school students in Guangzhou, China. Inj Prev. 25(1), 13–19. doi: 10.1136/injuryprev-2016-042210. Epub 2017 Apr 6. PMID: 28385955.

Ravens-Sieberer, U., Kaman, A., Erhart, M., Devine, J., Schlack, R. & Otto, C. (2021). Impact of the COVID-19 pandemic on quality of life and mental health in children and adolescents in Germany. Eur Child Adolesc Psychiatry, Jan 25, 1–11.

Riebel, J., Jäger, R.S. & Fischer, U. (2009). Cyberbullying in Germany – an exploration of prevalence, overlapping with real life bullying and coping strategies. Psychology Science Quarterly, 51, 298–314.

Rivers, I. & Noret, N. (2010). I H8 U': Findings from a Five-Year Study of Text and Email Bullying. British Educational Research Journal, 36(4), 643–671.

Salmivalli, C., Lagerspetz, K. M. J., Björkqvist, K., Österman, K. & Kaukiainen, A. (1996). Bullying as a group process: Participant roles and their relations to social status within the group. Aggressive Behavior, 22 (1), 1–15.

Sanders, M. R. (1999). Triple P-Positive Parenting Program: Towards an Empirically Validated Multilevel Parenting and Family Support Strategy for the Prevention of Behaviour and Emotional Problems in Children. Clinical Child and Family Psychology Review, 2(2), 71–89.

Schäfer, M. & Herpell, G. (2010). Du Opfer! Wenn Kinder Kinder fertigmachen. Der Mobbing-Report. Hamburg: Rowohlt.

Scheithauer, H., Fiedler, N., Purdy, N., Hamilton, J., Rowan, A., Smith, P. K., Culbert, C., Brighi, A., Mameli, C., Guarini, A., Menin, D., Völlink, T. & Willems, R. A. (2019). Summary resources for teachers: Intellectual Output 1 of Blurred Lives Project: A cross-national co-participatory exploration of cyberbullying, young people and socio-economic disadvantage. Stranmillis University College.

Scheithauer, H., Petras, I.-K. & Franz Petermann (2020). Cybermobbing/Cyberbullying. Kindheit und Entwicklung, 29, 63–66.

Schick, A. & Cierpka, M. (2005). Prävention gegen Gewaltbereitschaft an Schulen: Das Faustlos-Curriculum. In: M. Cierpka (Hrsg.), Möglichkeiten der Gewaltprävention (S. 230–247), Göttingen, Vandenhoeck & Ruprecht.

Schneider, S.K., O'Donnell, L., Stueve, A. & Coulter, R.W.S. (2012). Cyberbullying, school bullying, and psychological distress: A regional census of high school students. American Journal of Public Health, 102(1), 171–177.

Schneider, C., Katzer, C. & Leest, U. (2013). Cyberlife I. Spannungsfeld zwischen Faszination und Gefahr. Cybermobbing bei Schülerinnen und Schülern. Empirische Bestandsaufnahme bei Eltern, Lehrkräften und Schülern/ innen in Deutschland. Bündnis gegen Cybermobbing, Karlsruhe.

Schubarth, W. (2010). Gewalt und Mobbing an Schulen. Möglichkeiten der Prävention und Intervention. Stuttgart: Kohlhammer Verlag.

Schultze-Krumbholz, A. & Scheithauer, H. (2009). Social-Behavioural Correlates of Cyberbullying in a German Student Sample. Zeitschrift für Psychologie/ Journal of Psychology, 217, 224–226.

Schultze-Krumbholz, A. & Scheithauer, H. (2010). Cyberbullying unter Kindern und Jugendlichen. Ein Forschungsüberblick. Psychosozial, 33(IV), 122, 79–90.

Shure, Myrna (2001). I Can Problem Solve (ICPS): An Interpersonal Cognitive Problem Solving Program for Children. Residential Treatment for Children & Youth, 18, 3–14.

Shultz, E., Heilman, R. & Hart, K. J. (2014). Cyber-bullying: An exploration of bystander behavior and motivation. Cyberpsychology: Journal of Psychosocial Research on Cyberspace, 8(4).

Sittichai, R. & Smith, P.K. (2018). Bullying and Cyberbullying in Thailand: Coping Strategies and Relation to Age, Gender, Religion and Victim Status. Journal of new Approaches in Educational Research. 7(1), 24–30.

Slonje, R. & Smith, P.K. (2008). Cyberbullying: Another main type of bullying? Scandinavian Journal of Psychology, 49(2), 147–154.

Smith, P., Mahdavi, J., Carvalho, M., Fisher, S., Russell, S. and Tippett, N. (2008). Cyberbullying: Its nature and impact in secondary school pupils. *Journal of Child Psychology & Psychiatry*, 49, 376–385.

Smith, P.K., López-Castro, L., Robinson, S. & Görzig, A. (2019). Consistency of gender differences in bullying in cross-cultural surveys. Aggress. Violent Behav. 45, S. 33-40.

Staude-Müller, F., Bliesener, T. & Nowak, N. (2009). Cyberbullying und Opfererfahrungen von Kindern und Jugendlichen im Web 2.0. *Kinder- und Jugendschutz in Wissenschaft und Praxis, 2/2009*.

Sulkowska-Janowska, M. (2011). Aestehtics of Violence of/in the Media Culture. In: Grimm, Petra und Badura, Heinrich (Hrsg.): *Medien-Ethik-Gewalt, Neue Perspektiven.* Stuttgart: Franz Steiner.

Taglieber, W. (2008). Berlin-Brandenburger Anti-Mobbing-Fibel – Was tun wenn (4. Aufl.). Landesinstitut für Schule und Medien Berlin-Brandenburg (Hrsg.).

Telenor Finland: Fighting Cyberbullying. https://www.mynewsdesk.com/uk/telenor/pressreleases/fighting-cyber-bullying-with-mobile-phones-2872530, digital school outreach programme in which pupils use their own mobile phones. The pupils move into a fictional universe where they face various dilemmas that affect the ongoing actions. [Zugriff: 25.05.2021].

Tokunaga, R. S. (2010). Following you home from school: A critical review and synthesis of research on cyberbullying victimization. Computers in Human Behavior, 26(3), 277–287.

Underwood, M.K. & Rosen, L.H. (2010). Gender and Bullying: Moving Beyond Mean Differences to Consider Conceptions of Bullying, Processes by which Bullying Unfolds, and Cyber Bullying. In: Espelage, D. and Swearer, S. (Eds.): Bullying in North American Schools 2nd Edition, Routledge.

Van Cleemput, K., Vandebosch, H. & Pabian, S. (2014). Personal characteristics and contextual factors that determine »helping,« »joining in,« and »doing nothing« when witnessing cyberbullying. Aggressive Behavior, 40(5), 383-396.

Wang, J., Iannotti, R. J. & Nansel, T. R. (2009). School bullying among adolescents in the United States: Physical, verbal, relational, and cyber. Journal of Adolescent Health, 45(4), 368–375.

Weller, K. (2012). Medialer Einfluss auf Jugendliche. Pro-Familia-Magazin, 2, 40.

Wiegerling, K. (2011). Imaginäre Lebenswelten – Ausblick auf künftige Handlungsstrategien und -konzepte. In: P. Grimm & H. Badura (Hrsg.), Medien – Ethik – Gewalt. Neue Perspektiven. Schriftenreihe Medienethik (Band 10). Stuttgart: Franz Steiner Verlag.

Willard, N. (2006). Cyberbullying and Cyberthreats. Responding to the Challenge of Online Social Cruelty, Threats, and Distress. Center for Safe and Responsible Internet Use, Oregon.

Ybarra, M. L. & Mitchell, J. K. (2004). Online aggressor/targets, aggressors, and targets: A comparison of associated youth characteristics. Journal of Child Psychology and Psychiatry, 45, 1308–1316.

Ybarra, M. L., Mitchell, K. & Finkelhor, D. (2006). Examining characteristics and associated distress related to Internet harassment: Findings from the second youth Internet safety survey. Pediatrics, 118, 1169–1177.

Zsila, A., Urbán, R., Griffiths, M.D. & Demetrovics, Z. (2019). Gender Differences in the Association Between Cyberbullying Victimization and Perpetration: The Role of Anger Rumination and Traditional Bullying Experiences, Int J Ment Health Addiction 17, 1252–1267.

Zwenger-Balink, B. (2013). Komm, wir finden eine Lösung! Training zur Gewaltprävention in den Schulklassen 1 bis 6. München: Ernst Reinhardt Verlag.

10

Anhang

Cybermobbing Fragebögen

Cybermobbingreport für Schüler*innen

Wenn du dich häufig im Internet aufhältst, ist dir vielleicht aufgefallen, dass manche Personen zu anderen richtig gemein sind.

Wenn ein Einzelner oder eine Gruppe z. B. auf Facebook/WhatsApp zu einer Person häufig hässliche Dinge sagt, schlecht über sie redet usw., nennt man das Cybermobbing.

Wir möchten gerne wissen, ob dir solche Dinge im Internet auch schon passiert sind.

Wie oft wirst du von anderen unter Druck gesetzt, erpresst oder bedroht?

Über	Nie	Mehrmals im Monat	Mehrmals in der Woche	Täglich
E-Mail	☐	☐	☐	☐
Handy/Smartphone	☐	☐	☐	☐
Chatrooms	☐	☐	☐	☐
Soziale Netzwerke z. B. Facebook	☐	☐	☐	☐
Instant Messaging wie WhatsApp	☐	☐	☐	☐
Snapchat/Instagram/Tiktok	☐	☐	☐	☐

Wie oft wirst du von anderen beschimpft oder beleidigt?

Über	Nie	Mehrmals im Monat	Mehrmals in der Woche	Täglich
E-Mail	☐	☐	☐	☐
Handy/Smartphone	☐	☐	☐	☐
Chatrooms	☐	☐	☐	☐
Soziale Netzwerke z. B. Facebook	☐	☐	☐	☐
Instant Messaging wie WhatsApp	☐	☐	☐	☐
Snapchat/Instagram/Tiktok	☐	☐	☐	☐

Wie oft machen sich andere über dich lustig oder hänseln dich?

Über	Nie	Mehrmals im Monat	Mehrmals in der Woche	Täglich
E-Mail	☐	☐	☐	☐
Handy/Smartphone	☐	☐	☐	☐
Chatrooms	☐	☐	☐	☐
Soziale Netzwerke z. B. Facebook	☐	☐	☐	☐
Instant Messaging wie WhatsApp	☐	☐	☐	☐
Snapchat/Instagram/Tiktok	☐	☐	☐	☐

Wie oft verbreiten andere Lügen und Gerüchte über dich?

Über	Nie	Mehrmals im Monat	Mehrmals in der Woche	Täglich
E-Mail	☐	☐	☐	☐
Handy/Smartphone	☐	☐	☐	☐
Chatrooms	☐	☐	☐	☐
Soziale Netzwerke z. B. Facebook	☐	☐	☐	☐
Instant Messaging wie WhatsApp	☐	☐	☐	☐
Snapchat/Instagram/Tiktok	☐	☐	☐	☐

Wie oft passiert es, dass ...

	Nie	Mehrmals im Monat	Mehrmals in der Woche	Täglich
jemand Fotos von deinem Facebook-Profil oder aus deinen Online-Fotoalben kopiert und dann woanders veröffentlicht?	☐	☐	☐	☐
du z. B. auf Facebook/WhatsApp ausgegrenzt wirst oder deine Freundschafts-/Kontaktanfragen abgelehnt werden?	☐	☐	☐	☐
unangenehme oder peinliche Fotos oder Videofilme von dir im Internet verbreitet werden?	☐	☐	☐	☐
sich Hassgruppen gegen dich in sozialen Netzwerken bilden?	☐	☐	☐	☐
andere Leute falsche Profile von dir in sozialen Netzwerken wie Facebook anlegen?	☐	☐	☐	☐
du Cyberstalking erlebst (z. B. dass dich jemand im Internet verfolgt und überall dort auftaucht, wo du bist z. B. bei Facebook)?	☐	☐	☐	☐
jemand Fotos von dir z. B. mit Fotoshop komisch oder doof verändert und diese dann im Internet veröffentlicht?	☐	☐	☐	☐
jemand *intime* Fotos oder Videoclips von dir im Internet veröffentlicht?	☐	☐	☐	☐

	Nie	Mehrmals im Monat	Mehrmals in der Woche	Täglich
dich jemand im Internet schlimm belügt, z. B. sagt, er wäre in dich verliebt, und das stimmt gar nicht?	☐	☐	☐	☐

Wenn dir einige der Dinge, die eben geschildert wurden, schon mal passiert sind: Wie hast du dich dabei gefühlt?

	Ja	Nein
Ich war sehr wütend	☐	☐
Ich war sehr verängstigt	☐	☐
Ich war sehr verletzt	☐	☐
Das belastet mich heute noch sehr stark	☐	☐

Wenn du im Internet oder mit dem Smartphone gemobbt worden bist, was hast du dann getan?

	Ja, das habe ich gemacht	Nein, das habe ich nicht gemacht
Ich habe das mit meinen Eltern oder anderen Erwachsenen besprochen	☐	☐
Ich habe versucht, gemeinsam mit meinen Freunden oder Freundinnen aus der Schule eine Lösung zu finden	☐	☐
Ich habe es sofort den Betreibern der Internetforen gemeldet	☐	☐

	Ja, das habe ich gemacht	Nein, das habe ich nicht gemacht
Ich habe versucht, das zu vergessen, indem ich etwas gegessen, geraucht, Alkohol getrunken oder Tabletten genommen habe	☐	☐
Ich habe versucht im *Internet* über *Hilfeportale* wie *juuuport* Hilfe zu bekommen	☐	☐

Welche Hilfe würdest du dir wünschen, um Cybermobbing zu bewältigen?

	Trifft voll zu 1	Trifft stark zu 2	Trifft etwas zu 3	Trifft kaum zu 4	Trifft gar nicht zu 5
Mehr Unterstützung von den Lehrer*innen	☐	☐	☐	☐	☐
Mehr Aufklärung in der Schule zum Thema Cybermobbing	☐	☐	☐	☐	☐
Hilfe und Unterstützung von meinen Freunden	☐	☐	☐	☐	☐
Hilfe von meinen Eltern	☐	☐	☐	☐	☐
Eine anonyme Online-Hilfe, an die man sich wenden kann	☐	☐	☐	☐	☐
»Anti-Mobbing-Trainings« an unserer Schule	☐	☐	☐	☐	☐
Ein Unterstützungsteam an unserer Schule für Opfer von Mobbing und Cybermobbing	☐	☐	☐	☐	☐

	Trifft voll zu 1	Trifft stark zu 2	Trifft etwas zu 3	Trifft kaum zu 4	Trifft gar nicht zu 5
Schülerscouts, die andere Schüler*innen über das Thema »Cybermobbing« informieren	☐	☐	☐	☐	☐

Kommt es vor, dass du selbst auch schon mal andere »mobbst«, also hänselst, beleidigst oder fertigmachst?

Über	Ja	Nein
Handy/Smartphone	☐	☐
E-Mail	☐	☐
Videoplattformen wie YouTube	☐	☐
Soziale Netzwerke z. B. Facebook	☐	☐
Instant Messaging wie WhatsApp	☐	☐
In der Schule	☐	☐

Wenn du schon mal andere Personen im *Internet* oder per *Handy* mobbst, also hänselst, beleidigst oder fertigmachst: Warum machst du das?

	Ja	Nein
Weil mir langweilig ist	☐	☐
Nur zum Spaß	☐	☐
Weil andere das auch machen	☐	☐

	Ja	Nein
Weil diese Person es verdient hat	☐	☐
Weil ich Ärger mit der betreffenden Person habe	☐	☐
Weil ich schlechte Laune habe	☐	☐
Um andere, die gemobbt worden sind, zu rächen	☐	☐
Weil mich diese Person auch gemobbt hat	☐	☐
Weil es cool ist	☐	☐

Cybermobbingreport für Lehrer*innen

1. Unabhängig von der Stärke des Einflusses kann das Internet einen (eher) positiven oder (eher) negativen Einfluss haben. Hat das Internet aus Ihrer Sicht einen positiven oder negativen Einfluss auf Ihre Schüler*innen in den folgenden Bereichen?

	Einen sehr positiven Einfluss 5	4	Einen ausgeglichen positiven wie negativen Einfluss 3	2	Einen sehr negativen Einfluss 1
... auf die Aneignung von Wissen	☐	☐	☐	☐	☐
... auf ihre Persönlichkeits- und Identitätsentwicklung	☐	☐	☐	☐	☐
... auf ihr Kommunikations- und Interaktionsverhalten	☐	☐	☐	☐	☐
... auf ihr soziales Leben allgemein (Freundschaft, Liebe, Sexualität, Familie, Freizeit, Schule)	☐	☐	☐	☐	☐

	Einen sehr positiven Einfluss 5	4	Einen ausgeglichen positiven wie negativen Einfluss 3	2	Einen sehr negativen Einfluss 1
... auf ihre *psychische* Verfassung und Entwicklung	☐	☐	☐	☐	☐
... auf ihre *physische* Verfassung und Entwicklung	☐	☐	☐	☐	☐

2. Es gibt verschiedene Meinungen zur Internetnutzung in der Schule. Inwieweit treffen aus Ihrer Sicht die folgenden Aussagen zu

Internetnutzung in der Schule ...

	Trifft voll und ganz zu 5	4	3	2	Trifft überhaupt nicht zu 1
... wirkt der sozialen Benachteiligung von Schüler*innen entgegen	☐	☐	☐	☐	☐
... knüpft an Lebens- und Alltagswelt der Schüler*innen an	☐	☐	☐	☐	☐
... gibt der Technik gegenüber der Pädagogik den Vorzug	☐	☐	☐	☐	☐
... richtet die Schule an internationalen Standards aus	☐	☐	☐	☐	☐
... bindet Zeit, die für den Erwerb der Kulturtechniken Lesen, Schreiben und Rechnen fehlt	☐	☐	☐	☐	☐
... modernisiert grundlegend die Unterrichtsmethoden und Arbeitsformen	☐	☐	☐	☐	☐

	Trifft voll und ganz zu 5	4	3	2	Trifft überhaupt nicht zu 1
... sichert die Zukunftsfähigkeit des Standortes Deutschland	☐	☐	☐	☐	☐
... übt bildungspolitischen Druck auf die Lehrkräfte aus	☐	☐	☐	☐	☐

3. Was denken Sie, wie häufig kommen unter Ihren Schüler*innen Formen von Cybercrime vor (Datenklau, Passwortknacken, PC-Hacking etc.)?
☐ Täglich
☐ Alle 2–3 Tage
☐ Einmal in der Woche
☐ Seltener als einmal in der Woche
☐ Nie
☐ Weiß ich nicht

4. Wie häufig kommen unter Ihren Schüler*innen Formen von Cybermobbing vor (z. B. über Facebook/WhatsApp werden Gerüchte oder Lügen verbreitet, peinliche Fotos veröffentlicht)?
☐ Täglich
☐ Alle 2–3 Tage
☐ Einmal in der Woche
☐ Seltener als einmal in der Woche
☐ Nie
☐ Weiß ich nicht

5. Wie häufig kommen unter Ihren Schüler*innen Formen von Cyberstalking vor (z. B. jegliche Spuren im Internet einer Person verfolgen und kommentieren z. B. auf Facebook)?
☐ Täglich

☐ Alle 2–3 Tage
☐ Einmal in der Woche
☐ Seltener als einmal in der Woche
☐ Nie
☐ Weiß ich nicht

6. Wie häufig erleben Ihre Schüler*innen Formen sexueller Übergriffe im Internet (z. B. Aufforderung zu sexuellen Handlungen vor der Webcam, sich vor der Webcam auszuziehen, Grooming: Heranmachen eines Erwachsenen an Kinder/Jugendliche, um Vertrauen aufzubauen und später sexuelle Übergriffe auszuüben)?
☐ Täglich
☐ Alle 2–3 Tage
☐ Einmal in der Woche
☐ Seltener als einmal in der Woche
☐ Nie
☐ Weiß ich nicht

7. Was wissen Sie an Ihrer Schule über die Thematik Cybercrime, Cybermobbing, Cyberstalking und sexuelle Übergriffe, Cybergrooming im Internet?

	Trifft voll und ganz zu 5	4	3	2	Trifft überhaupt nicht zu 1
An unserer Schule wissen wir, dass Schüler*innen Opfer von *Cybercrime* werden (der eigene Rechner wird ausspioniert, Daten werden vom eigenen Rechner geklaut, hinterlegte Daten in sozialen Netzwerken werden verändert, Passwörter werden geknackt etc.)	☐	☐	☐	☐	☐
An unserer Schule wissen wir, dass Schüler*innen Opfer von *Cybermobbing* werden	☐	☐	☐	☐	☐

	Trifft voll und ganz zu 5	4	3	2	Trifft überhaupt nicht zu 1
(über soziale Netzwerke wie Facebook werden Gerüchte oder Lügen verbreitet, peinliche oder intime Fotos veröffentlicht etc.)					
An unserer Schule wissen wir, dass Schüler*innen Opfer von *Cyberstalking* werden (jegliche Spuren im Internet einer Person werden beobachtet, verfolgt und kommentieren z. B. auf Facebook)	☐	☐	☐	☐	☐
An unserer Schule wissen wir, dass Schüler*innen Opfer von *sexuellen Übergriffen* im Internet werden (Aufforderung zu sexuellen Handlungen vor der Webcam, sich vor Webcam auszuziehen, Cybergrooming etc.)	☐	☐	☐	☐	☐

8. Kennen Sie konkret einen oder mehrere Fälle von Schüler*innen, die Opfer von Cybermobbing geworden sind?
☐ Ja, mehrere Fälle
☐ Ja, einen Fall
☐ Nein, keinen konkreten/sicheren

9. Haben Sie bei einem bzw. mehreren dieser Fälle die folgenden Symptome beobachtet bzw. berichtet bekommen?
☐ Kopf- oder Magenschmerzen
☐ Angstzustände
☐ Bedrückte Stimmungen
☐ (Plötzliche) Verschlossenheit
☐ Leistungsabfall in der Schule
☐ Konzentrationsprobleme
☐ Rückzug in andere Welten, wie z. B. intensive Online-Spiele- oder Fantasiewelten

☐ Wut
☐ Häufiges Fehlen vom Unterricht

10. Wie bewerten Sie die folgenden Aussagen?

	Trifft voll und ganz zu 5	4	3	2	Trifft überhaupt nicht zu 1
Cybercrime ist an unserer Schule kein Problem	☐	☐	☐	☐	☐
Cybermobbing ist an unserer Schule kein Problem	☐	☐	☐	☐	☐
Cyberstalking ist an unserer Schule kein Problem	☐	☐	☐	☐	☐
Sexuelle Gewalt/sexuelle Übergriffe im Internet sind an unserer Schule kein Problem	☐	☐	☐	☐	☐
Wenn an unserer Schule ein Fall von Cybermobbing, Cyberstalking, Cybercrime oder einem sexuellen Übergriff im Internet auftritt, wird dieser Fall genau untersucht	☐	☐	☐	☐	☐
An unserer Schule haben Cybermobbing, Cyberstalking oder Cybercrime im Internet disziplinarische Konsequenzen für den/die Täter*innen zur Folge	☐	☐	☐	☐	☐
Wenn in unserer Schule ein Fall von Cybermobbing, Cyberstalking, Cybercrime oder eines sexuellen Übergriffs im Internet auftritt, holen wir uns auch schon mal Hilfe von außen, z. B. bei der Polizei oder bei einem psychologischen Dienst	☐	☐	☐	☐	☐

10 Anhang

	Trifft voll und ganz zu 5	4	3	2	Trifft überhaupt nicht zu 1
Wir haben an unserer Schule eine anonyme Meldestelle eingerichtet, der Fälle von Cybermobbing, Cyberstalking, Cybercrime oder sexuelle Übergriffe im Internet mitgeteilt werden können (per Brief, per E-Mail, per Chat etc.)	☐	☐	☐	☐	☐
Wir haben an unserer Schule eine/n bzw. mehrere bestimmte Lehrer*innen, sogenannte »Anti-Mobbing-Beauftragte«, die sich speziell mit der Problematik »Gewalt und Mobbing unter Schüler*innen« befassen	☐	☐	☐	☐	☐
Wir setzen bei Konflikten unter Schüler*innen, auch bei solchen, die im Internet auftreten (wie z. B. Cybermobbing), Jugendliche als Streitschlichter oder Anti-Mobbing-Berater ein	☐	☐	☐	☐	☐
Wir haben an unserer Schule ein klares Verhaltensregelwerk für einen gewaltfreien Umgang miteinander entwickelt, das alle Schüler*innen im Unterricht kennenlernen	☐	☐	☐	☐	☐
Schüler*innen, Lehrkräfte und Schulleitung werden angeregt, sich regelmäßig mit neuen Gewaltphänomenen und Internetproblematiken zu befassen und zur Bearbeitung im Unterricht vorzuschlagen	☐	☐	☐	☐	☐
Ich fühle mich gut informiert z. B. auch über strafrechtliche Folgen von Cybermobbing, Cyberstalking, Cybercrime und sexueller Gewalt im Netz	☐	☐	☐	☐	☐

11. Was geschieht an Ihrer Schule präventiv, um aktiv gegen Cybermobbing und andere Gefahren im Internet vorzugehen?

	Ja, das machen wir immer/ regelmäßig	Nein, das machen wir noch nicht, aber das führen wir (bald) ein	Nein, das machen wir nicht
	3	2	1
An unserer Schule bieten wir für Schüler*innen »Anti-Gewalt-Trainings« an.	☐	☐	☐
Wir haben an unserer Schule ein Mediatoren- oder Streitschlichtungsprogramm für Schüler*innen	☐	☐	☐
An unserer Schule wird das Thema »konfliktfreie Problemlösung« unter Schüler*innen im Unterricht bzw. in Workshops behandelt	☐	☐	☐
An unserer Schule haben wir eine bestimmte Projektgruppe von Lehrkräften und Schüler*innen, die Jugendlichen dabei helfen, mit ihren Konflikten untereinander gewaltfrei umgehen zu können	☐	☐	☐
An unserer Schule lernen Schüler*innen Strategien, wie sie sich verhalten sollen, wenn sie mitbekommen, dass andere Opfer von Cybermobbing, Cyberstalking, Cybercrime oder sexueller Übergriffe im Internet geworden sind	☐	☐	☐
Wir bieten unseren Schüler*innen gezielt Workshops zum Thema »Cybermobbing« an	☐	☐	☐

10 Anhang

	Ja, das machen wir immer/ regelmäßig 3	Nein, das machen wir noch nicht, aber das führen wir (bald) ein 2	Nein, das machen wir nicht 1
Wir bieten unseren Schüler*innen gezielt Workshops zum Thema »Medienkompetenz: Risiken und Gefahren, aber auch Nutzen des Internets« an	☐	☐	☐
Wir haben an unserer Schule ein spezielles Unterstützungsteam für Opfer von Cybermobbing, Cybercrime, Cyberstalking und sexueller Übergriffe	☐	☐	☐
An unserer Schule bilden wir Schülerinnenscouts aus, die andere Schüler*innen über »Gefahren im Internet«, z. B. Cybermobbing oder sexuelle Übergriffe in sozialen Netzwerken, aufklären	☐	☐	☐

12. Wir bieten an unser Schule Infoveranstaltungen, Workshops und/oder Fortbildungsseminare für Lehrkräfte an zum Thema:

	Ja, das machen wir immer/ regelmäßig 3	Das machen wir ab und zu/ selten 2	Nein, das machen wir nicht 1
»Das Internet als Lebensraum der Jugendlichen, Nutzen, Gefahren und Umgang mit dem Internet im Unterricht usw.«	☐	☐	☐

	Ja, das machen wir immer/ regelmäßig 3	Das machen wir ab und zu/ selten 2	Nein, das machen wir nicht 1
»Cybermobbing«	☐	☐	☐
»Strafrechtlichen Folgen von Cybermobbing, Cyberstalking, Cybercrime und sexueller Gewalt im Netz«	☐	☐	☐
»Allgemeine Medienerziehung«	☐	☐	☐
»Einsatz neuer Medien im Unterricht«	☐	☐	☐
»Wo finde ich Hilfe bei Problemen im Internet?«	☐	☐	☐

13. Wir verschicken an unserer Schule Informationen und Newsletter an die Eltern zum Thema:

	Ja, das machen wir immer/ regelmäßig 3	Das machen wir ab und zu/ selten 2	Nein, das machen wir nicht 1
Cybercrime	☐	☐	☐
Cybermobbing	☐	☐	☐
Cyberstalking	☐	☐	☐
Sexuelle Gewalt im Internet/ Kinderpornografie	☐	☐	☐

14. Wir organisieren an unserer Schule Informationsveranstaltungen für Eltern zum Thema:

	Ja, das machen wir immer/ regelmäßig 3	Das machen wir ab und zu/ selten 2	Nein, das machen wir nicht 1
»Risiken wie Cybercrime, Cyberstalking und sexuelle Gewalt im Internet«	☐	☐	☐
»Cybermobbing«	☐	☐	☐
»Mediennutzung und Medienkompetenz im Umgang mit Kindern und Jugendlichen«	☐	☐	☐
»Wo finde ich Hilfe bei Problemen im Internet?«	☐	☐	☐

15. Auf der Website unserer Schule geben wir nützliche Hinweise zum Thema:

	Ja, das machen wir immer/ regelmäßig 3	Das machen wir ab und zu/ selten 2	Nein, das machen wir nicht 1
»Risiken wie Cybercrime, Cyberstalking und sexuelle Gewalt im Internet«	☐	☐	☐
»Cybermobbing«	☐	☐	☐

	Ja, das machen wir immer/ regelmäßig 3	Das machen wir ab und zu/ selten 2	Nein, das machen wir nicht 1
»Strafrechtlichen Folgen von Cybermobbing, Cyberstalking, Cybercrime und sexueller Gewalt im Netz«	☐	☐	☐
»Wo finde ich Hilfe bei Problemen im Internet?«	☐	☐	☐

16. Was machen Sie selbst, um sich über Risiken im Internet für Schüler*innen, aber auch für sich selbst zu informieren?
Um mich über Gefahren und Risiken, die im Internet lauern, zu informieren, mache ich Folgendes:

	Ja, immer/ regelmäßig 3	Ab und zu/selten 2	Nein, nie 1
Suche im Internet (Websites, Online-Portalen, Blogs etc.)	☐	☐	☐
Lese Fachbücher	☐	☐	☐
Schaue gezielt im TV-Programm	☐	☐	☐
Rede mit Freunden und Bekannten	☐	☐	☐
Besuche Fachkongresse	☐	☐	☐
Besuche Workshops	☐	☐	☐
Suche Infos in sozialen Netzwerken wie Facebook	☐	☐	☐
Bilde Diskussionsgruppen z. B. in Facebook	☐	☐	☐

17. Würden Sie sagen:

	Trifft voll und ganz zu 5	4	3	2	Trifft überhaupt nicht zu 1
Jugendliche sind generell gewaltbereiter geworden	☐	☐	☐	☐	☐
Die Umgangssprache zwischen Jugendlichen ist härter, gewaltbetonter geworden	☐	☐	☐	☐	☐
Auch Mädchen schlagen immer häufiger zu	☐	☐	☐	☐	☐
Die Anonymität im Internet fördert die Bereitschaft der Jugendlichen, böse und gemein zu anderen sein	☐	☐	☐	☐	☐

18. Wenn Sie an die neuen Medien insgesamt denken:

	Ja, sehr 3	Ja, etwas 2	Nein 1
Machen Sie oder Ihre Kolleg*innen sich schon mal Sorgen wegen möglicher Probleme, die durch die neuen Medien, Internet & Co., in der Arbeit mit den Schüler*innen auf Sie zukommen könnten?	☐	☐	☐
Befürchten Sie oder Kolleg*innen von Ihnen, dass die *beruflichen Belastungen* durch den Einfluss der neuen Medien, Internet & Co., immer größer werden könnten?	☐	☐	☐

	Ja, sehr 3	Ja, etwas 2	Nein 1
Befürchten Sie oder Ihre Kolleg*innen schon mal, dass die vor Ihnen liegenden Aufgaben bezüglich neuer Medien (z. B.: deren Einsatz im Unterricht, Probleme wie Cybermobbing oder sexuelle Gewalt im Internet etc.) immer schwieriger zu bewältigen sind?	☐	☐	☐

19. Welche *Art von Unterstützung* würden Sie sich im Bereich »Medienarbeit und Medienkompetenz« an Ihrer Schule wünschen?

	Ja, sehr 3	Ja, etwas 2	Nein 1
Mehr Unterstützung durch Schulleitung	☐	☐	☐
Mehr Einsatz von Eltern	☐	☐	☐
Gutes Unterrichtsmaterial oder Module, die man im Schulunterricht einsetzen kann	☐	☐	☐
Mehr Lehrer*innenfortbildungen zu den Themen	☐	☐	☐
Medienbeauftragte an Schulen	☐	☐	☐
Mediengruppe an Schule (Schüler*innen und Lehrkräfte)	☐	☐	☐
Bessere Computerausstattung der Schule	☐	☐	☐
Hilfe- und Beratung oder Coaching von außen (durch Medienexperten, Computerspezialisten etc.)	☐	☐	☐
Fach »Medienerziehung« an allen Schulen obligatorisch	☐	☐	☐
»Netzwerk« zum Austausch für alle Betroffenen, Beteiligten, Interessierten	☐	☐	☐

Falls Sie noch etwas nennen möchten, das nicht aufgelistet ist:
_____

20. Welche der folgenden Arten von Unterstützung würden Sie bei der Prävention gegen Gewalt, Cybercrime, Cybermobbing, Cyberstalking etc. befürworten?

	Ja, sehr 3	Ja, etwas 2	Nein 1
Mehr Ratgeber online	☐	☐	☐
TV-Angebote für Kinder	☐	☐	☐
TV-Angebot für Erwachsene	☐	☐	☐
Apps für Smartphones	☐	☐	☐
E-Mail-Dienste	☐	☐	☐
Online-Coaching	☐	☐	☐
Fortbildungen an Schulen und anderen Bildungsträgern	☐	☐	☐
Hilfe- oder Beratungsstelle im schulischen Umfeld oder von anderen öffentlichen Trägern	☐	☐	☐
Hilfe- oder Beratungsstellen im Internet	☐	☐	☐

Cybermobbingreport für Eltern

1. Wie viele Stunden am Tag verbringt Ihr Kind normalerweise im Internet?
☐ Mein Kind verbringt normalerweise _____ Std. am Tag im Internet
☐ Weiß ich nicht

2. Geht Ihr Kind eher mit dem eigenen PC/Laptop ins Internet oder mit dem Smartphone?
☐ mit eigenem PC oder Laptop
☐ mit eigenem Smartphone
☐ mit unseren Geräten
☐ gar nicht

3. Wie gehen Sie mit der Internetnutzung Ihres Kindes um?
Ich kontrolliere die Internetnutzung.
☐ immer
☐ oft
☐ ab und zu
☐ manchmal
☐ gar nicht

Ich blockiere bestimmte Software auf PC/Smartphone, den/das mein Kind benutzt.
☐ immer
☐ oft
☐ ab und zu
☐ manchmal
☐ gar nicht

4. Gehen Sie zusammen mit ihrem Kind ins Internet?
Das stimmt ...
☐ total
☐ etwas
☐ teils, teils
☐ kaum
☐ nicht

5. Lassen Sie sich von Ihrem Kind im Internet Dinge zeigen, die Sie selbst nicht wissen oder können?
Das stimmt ...

☐ total
☐ etwas
☐ teils, teils
☐ kaum
☐ nicht

6. Mein Kind ist ein Internetprofi, ich mische mich da nicht ein.
Das stimmt ...
☐ total
☐ etwas
☐ teils, teils
☐ kaum
☐ nicht

7. Sind Ihnen folgende Begriffe bekannt?
Cybercrime   Ja/Nein
Cybermobbing   Ja /Nein
Cyberstalking   Ja/Nein
Cybergrooming   Ja /Nein

8. Ich weiß, dass Kinder und Jugendliche auch Opfer von *Cybermobbing* werden, d. h. über Chatrooms, soziale Netzwerke wie Facebook etc. werden Gerüchte oder Lügen verbreitet, peinliche oder intime Fotos veröffentlicht etc.
Das ...
☐ stimmt
☐ stimmt etwas
☐ weiß nicht
☐ stimmt kaum
☐ stimmt nicht

**9. Hat Ihr Kind bereits Formen von *Cybermobbing* erlebt, also über Chatrooms, soziale Netzwerke wie Facebook, Messenger Dienste

wie WhatsApp etc. wurden Gerüchte oder Lügen verbreitet, peinliche oder intime Fotos veröffentlicht etc.
☐ ja, mehrmals täglich
☐ einmal täglich
☐ alle 2–3 Tage
☐ einmal in der Woche
☐ seltener als einmal in der Woche
☐ nein, noch nie
☐ weiß ich nicht

10. *Cybermobbing* ist bei Kindern von Freunden und Bekannten kein Problem
☐ stimmt
☐ stimmt etwas
☐ weiß nicht
☐ stimmt kaum
☐ stimmt nicht

11. Um mich über Gefahren und Risiken, die im Internet für mein Kind bestehen, zu informieren, mache ich Folgendes:

	Ja, regelmäßig	Ab und zu	Weiß nicht	Sehr selten	Nein, nie
Suche im Internet (Websites Online-Portalen, Blogs etc.)					
Lese Fachbücher					
Schaue gezielt im TV-Programm					
Rede mit Freunden und Bekannten					
Suche Infos in sozialen Netzwerken wie Facebook					
Bilde Diskussionsgruppen z. B. in Facebook/WhatsApp					

12. Ich fühle mich gut informiert z. B. auch über *strafrechtliche Folgen von Cybermobbing, Cyberstalking, Cybercrime und sexueller Gewalt/Cybergrooming* im Netz.
☐ stimmt
☐ stimmt etwas
☐ weiß nicht
☐ stimmt kaum
☐ stimmt nicht

13. Wenn an der Schule meines Kindes ein Fall von Cybermobbing, Cyberstalking, Cybercrime oder sexuellem Übergriff/Cybergrooming im Internet auftritt, wird dieser Fall genau untersucht.
☐ stimmt
☐ stimmt etwas
☐ weiß nicht
☐ stimmt kaum
☐ stimmt nicht

14. An der Schule meines Kindes haben Cybermobbing, Cyberstalking, Cybercrime oder sexuelle Übergriffe im Internet disziplinarische Konsequenzen für den/die Täter zur Folge.
☐ stimmt
☐ stimmt etwas
☐ weiß nicht
☐ stimmt kaum
☐ stimmt nicht

15. Die Schule meines Kindes hat eine *anonyme Meldestelle* eingerichtet, der Fälle von Cybermobbing, Cyberstalking, Cybercrime oder sexuelle Übergriffe/Cybergrooming im Internet mitgeteilt werden können (per Brief, per E-Mail, per Chat etc.).
☐ ja
☐ nein
☐ weiß nicht

☐ stimmt kaum
☐ stimmt nicht

16. Kinder und Jugendliche, Lehrer*innen und Schulleitung werden angeregt, sich regelmäßig mit *neuen Gewaltphänomenen und Internetproblematiken* zu befassen und zur Bearbeitung im Unterricht vorzuschlagen.
☐ stimmt
☐ stimmt etwas
☐ weiß nicht
☐ stimmt kaum
☐ stimmt nicht

Allgemeiner Umgang mit Gewalt an der Schule meiner Kinder:

17. An der Schule meines Kindes gibt es einen bzw. mehrere bestimmte Lehrer*innen, sogenannte »Anti-Mobbing-Beauftragte«, die sich speziell mit der Problematik Gewalt und Mobbing unter Kindern und Jugendlichen befassen.
☐ ja
☐ nein
☐ weiß nicht

18. An der Schule meines Kindes lernen Kinder und Jugendliche Strategien, wie sie sich verhalten sollen, wenn sie mitbekommen, dass *andere Kinder und Jugendliche* Opfer von Cybermobbing, Cyberstalking, Cybercrime oder sexueller Übergriffe im Internet geworden sind.
☐ stimmt
☐ stimmt etwas
☐ weiß nicht
☐ stimmt kaum
☐ stimmt nicht

10 Anhang

19. Die Schule meines Kindes bietet Kindern und Jugendlichen gezielt *Workshops* zum Thema »*Cybermobbing*« an.
☐ ja, das wird regelmäßig gemacht
☐ ab und zu
☐ weiß nicht
☐ sehr selten
☐ nein, das wird nicht gemacht

20. Die Schule meines Kindes bietet Kindern und Jugendlichen gezielt *Workshops* zum Thema »*Risiken und Gefahren, aber auch Nutzen des Internets*« an.
☐ ja, das wird regelmäßig gemacht
☐ ab und zu
☐ weiß nicht
☐ sehr selten
☐ nein, das wird nicht gemacht

21. An der Schule meines Kindes werden jugendliche *Schülerscouts* ausgebildet, die andere Kinder und Jugendliche über das Thema »Gefahren im Internet« informieren und aufklären.
☐ ja
☐ nein
☐ weiß nicht

22. An der Schule meines Kindes wird *Informationsmaterial* an Kinder und Jugendliche verteilt zum Thema:

Cybermobbing
☐ ja, das wird regelmäßig gemacht
☐ ab und zu
☐ weiß nicht
☐ sehr selten
☐ nein, das wird nicht gemacht

Hilfe bei Problemen im Internet
☐ ja, das wird regelmäßig gemacht
☐ ab und zu
☐ weiß nicht
☐ sehr selten
☐ nein, das wird nicht gemacht

23. Die Schule meines Kindes bietet *Infoveranstaltungen, Workshops und/oder Fortbildungsseminare* für *Lehrer*innen* zum Thema »Cybermobbing« an.
☐ ja, das wird regelmäßig gemacht
☐ ab und zu
☐ weiß nicht
☐ sehr selten
☐ nein, das wird nicht gemacht

24. Welche der folgenden Arten von Unterstützung würden Sie bei der Prävention gegen Gewalt, Cybercrime, Cybermobbing, Cyberstalking etc. befürworten?

	Ja, sehr 3	Ja, etwas 2	Nein 1
Mehr Ratgeber online	☐	☐	☐
TV-Angebote für Kinder	☐	☐	☐
TV-Angebot für Erwachsene	☐	☐	☐
Apps für Smartphones	☐	☐	☐
E-Mail-Dienste	☐	☐	☐
Online-Coachings	☐	☐	☐
Fortbildungen an Schulen und anderen Bildungsträgern	☐	☐	☐

10 Anhang

	Ja, sehr 3	Ja, etwas 2	Nein 1
Anti-Gewalt-Trainings und Mobbingprävention an Schulen	☐	☐	☐
Hilfe- oder Beratungsstelle im schulischen Umfeld oder von anderen öffentlichen Trägern	☐	☐	☐
Hilfe- oder Beratungsstellen im Internet	☐	☐	☐
Mehr Initiativen und Hilfestellungen durch Politik	☐	☐	☐

25. Was sollte sich an der Schule Ihres Kindes bezüglich der Problematik »Gewalt und Cybermobbing« *verändern*?
(offene Antwortmöglichkeit)

26. Welche *Art von Unterstützung würden* Sie sich im Bereich »Medienarbeit und Medienkompetenz« an der Schule Ihres Kindes wünschen?

	Ja, sehr 3	Ja, etwas 2	Nein 1
Mehr Unterstützung durch die Schulleitung	☐	☐	☐
Gutes Unterrichtsmaterial oder Module, die Lehrkräfte im Schulunterricht einsetzen können	☐	☐	☐
Mehr Lehr*innenfortbildungen zu den Themen	☐	☐	☐
Medienbeauftragte an Schulen	☐	☐	☐
Mediengruppe an Schule (Schüler*innen und Lehrkräfte)	☐	☐	☐
Informationsmaterial und Infoveranstaltungen für Eltern	☐	☐	☐

	Ja, sehr 3	Ja, etwas 2	Nein 1
Bessere Computerausstattung der Schule	☐	☐	☐
Hilfe- und Beratung oder Coaching von außen (z. B. durch Medienexpert*innen und Computerspezialist*innen etc.)	☐	☐	☐
Fach »Medienerziehung« an allen Schulen obligatorisch	☐	☐	☐
»Netzwerk« bilden zum Austausch für alle Betroffenen, Beteiligten, Interessierten	☐	☐	☐

Fragen zu Cybermobbing für Grundschüler*innen

1. Wie gehst du ins Internet? Mit eigenem Smartphone? PC/Laptop/Tablet der Eltern?
2. Welche Webseiten besuchst du am häufigsten?
3. Was machst du auf deinen Lieblingswebseiten?
4. Gehst du auch schon mal zu Hause bei deinen Freunden ins Internet? Oder mit deren Smartphone?
5. Hat dich im Internet auch schon jemand angesprochen, den du gar nicht kennst?
   a) Was wollte diese Person von dir?
   b) Was hast du da gemacht?
6. Weißt du, was Cybermobbing ist? Glaubst du, dass dir das schon passiert ist?
7. Was machst du, damit du im Internet sicher bist?
8. Hast du schon eine E-Mail oder andere Nachrichten z. B. über WhatsApp bekommen, die dir unangenehm waren oder die dich aufgeregt haben?
   a) Was hast du da gemacht?
9. Ist dir im Internet schon mal etwas Unangenehmes passiert?
   a) Wie hast du dich da gefühlt?

b) Wie hast du da reagiert? Hast du jemanden um Rat/Hilfe gebeten?

Resilienztraining Cybermobber*innen

Ein wichtiger Baustein bei der Arbeit mit jugendlichen Mobber*innen ist das Erlernen eines korrekten Umgangs mit Gefühlen und Emotionen, denn Konflikte und Gewaltsituationen sind oft emotionale Auseinandersetzungen in denen negative Gefühle aufbrechen. Emotionale Intelligenz ist somit ein bedeutender Schutzfaktor gegen Gewaltanwendung. Die Täter*innen müssen lernen, die eigenen und fremden Gefühle zu erkennen, ernst zu nehmen, angemessen auszudrücken und darauf zu reagieren. Insbesondere das Empfinden von Empathie spielt dabei eine wichtige Rolle.

Somit ist das spezifische Training bei den Cybermobber*innen einerseits darauf ausgerichtet, zu erlernen, welche Gefühle das eigene Handeln bei anderen auslösen kann und wie man diese in spezifischen Situationen richtig erkennt und wahrnimmt.

Andererseits müssen die Jugendlichen befähigt werden, auch ihre eigenen Gefühle und deren unterschiedliche Intensität einschätzen und diese aktiv regulieren zu können. Dies soll verhindern, dass sie impulsiv agieren, sondern nachdenken, die Situation genau beurteilen und hinterfragen.

Ein weiterer Baustein in der Arbeit mit den Cybermobber*innen ist das Konfliktverhalten. Häufig sind Kampf oder Flucht Formen menschlichen Agierens in Konfliktsituationen. Oft sollen die eigenen Vorteile durchgesetzt werden, wobei immer stärkere Aktionen eingesetzt werden. Konflikte werden dabei nicht selten als Bedrohung für die eigenen Situation oder das Selbstbild empfunden (s. auch Kurt R. Spillmann: Konfliktdynamik und Kommunikation. Strategien der De-Eskalation. In: Manfred Prisching/Gerold Mikula (Hrsg.): Krieg, Konflikt, Kommunikation. Der Traum von einer friedlichen Welt.

Wien 1991). Somit ist ein weiterer Lernkomplex für die Täter*innen, die Konflikte nicht als Bedrohung, sondern als Chance wahrzunehmen. Dadurch wird die andere Konflikt-Person akzeptiert und auch ihre Interessen gesehen. Ziel ist es, gemeinsam Lösungen zu finden, ohne den Einsatz von Gewalt, ob verbal oder physisch. Konflikte müssen als Normalität wahrgenommen werden, mit denen man lernen muss umzugehen. Auch hierbei spielt die Impulskontrolle eine wichtige Rolle, genauso wie die Akzeptanz anderer Meinungen.

Bevor allerdings die eigentlichen Workshops beginnen, müssen sich die Cybermobber*innen jede/r für sich mit verschiedenen Fragenkomplexen auseinandersetzen. Schriftlich wie auch per Videoaufzeichnung. Die schriftliche Auseinandersetzung fördert das persönliche Involvement und führt zu einer stärkeren emotionalen Konfrontation. Die Videoaufzeichnungen werden später in den eigentlichen Workshops genutzt, die Gruppe der Täter*innen mit den verschiedenen Sichtweisen zu konfrontieren, und die Diskussion, um das Finden von Lösungen innerhalb der Gruppe anzustoßen. Folgende Fragen müssen die Cybermobber*innen für sich selbst beantworten:

Komplex Gefühle:

- Warum bin ich manchmal so schlecht drauf und gerade auf Freund/in X so wütend?
- Was geht in solchen Situationen in mir vor?
- Kann ich meine negativen Gefühle genau beschreiben?
- Warum projiziere ich manchmal negative Gefühle auf andere?
- Wie kann ich meine Gefühle und die Situation in den Griff bekommen?

Komplex Konfliktbewältigung und Kommunikation:

- Woher kommen meine Konflikte mit anderen?
- Welche Auslöser kann ich festmachen?
- Was passiert bei einem Konflikt mit mir aber auch mit den anderen?

- Wieso sind Konflikte wichtig für den Umgang miteinander?
- Was bedeutet es für mich, wenn Freund*innen/Mitschüler*innen eine andere Meinung haben als ich?
- Wie kann meine Kommunikation zu Konflikten führen? Welche Rolle spielen Internet, WhatsApp, Emojis und Co dabei?
- Was macht die Schnelligkeit der WhatsApp Kommunikation mit mir und mit Konfliktsituationen?
- Wie kann ich Konflikte verhindern? Welche Gefühle muss ich dabei bei mir und den anderen beachten?

In mehreren aufeinanderfolgenden Workshops (Dauer ca. 1,5 Stunden) werden die Cybermobber*innen in entspannter Atmosphäre gemeinsam mit dem/der Workshopleiter/in zunächst die Videobotschaften diskutieren. Im Verlauf sollen die Täter*innen eigenes Fehlverhalten sowie die Hintergründe selbst aufdecken und im Weiteren versuchen, Regeln im Umgang mit sich selbst und anderen zu entwickeln. Auch Strategien, sich selbst in schwierigen kommunikativen Situationen von außen zu betrachten und somit aus einer emotionalen Distanz heraus rationaler handeln zu können, werden erarbeitet.

Diskussionsleitfaden für die Gruppenarbeit in Klassen

Szenario: Alter ab 5. Klasse

Teilen Sie die Teilnehmenden in Gruppen zu ca. 6–8 Schüler*innen ein. Jede Gruppe hat die Aufgabe, sich selbständig eine typische Cybermobbingsituation auszudenken und diese dann den anderen vorzustellen.

Jede Gruppe muss dabei Schüler*innen bestimmen, die den/die Cybermobber, das Cyberopfer, den/die Unterstützer*in, die/den

Bystander oder den/die Helfer*in darstellen. Einer aus der Gruppe soll die Situation dabei kommentieren.

Wenn jede Gruppe ihre Cybermobbingsituation den anderen vorgeführt hat, soll darüber diskutiert werden.

Zunächst sollen die Schüler*innen, die die jeweiligen Rollen spielen, ihre Situation aus ihrer Sicht beschreiben:

1. Opfersituation: Wie fühlt sich das Opfer?
2. Unterstützer: Was empfinden sie dabei? Warum unterstützen sie den Täter?
3. Helfer: Warum helfen sie? Was empfinden sie für das Opfer?
4. Cybermobber: Warum macht der Täter das? Wie fühlt sich der Täter?
5. Bystander: Warum mache ich nichts?

Danach soll im Plenum gemeinsam diskutiert werden:

1. Opfersituation: Warum wird jemand Opfer?
2. Unterstützer: Ist es in Ordnung, den Täter zu unterstützen?
3. Helfer: Was kann einen daran hindern, dem Opfer zu helfen?
4. Täter: Wie kann man verhindern, dass jemand zum Täter von Mobbing und Cybermobbing wird?
5. Bystander: Wie kann man Außenstehende motivieren zu helfen, einzugreifen oder überhaupt etwas zu tun?

Abschluss:
  Fazit für alle ziehen!
  Wie wollen wir weiter vorgehen?

10 Anhang

Diskussionsleitfaden für den Einsatz von Fokusgruppen

Szenario: ab 7. Klasse
Die aus verschiedenen Schulklassen und Schulstufen zusammengesetzten Fokusgruppen sollen wie folgt arbeiten.
Zunächst wird ihnen eine Cybermobbing Situation geschildert:
Daniela, eine 15-jährige Schülerin, und ihre Freundinnen haben sich bei einer Pyjama-Party mit nacktem Oberkörper gegenseitig mit ihren Handys fotografiert. Plötzlich kommt Daniela in die Schule und wird von den Jungs mit einer anzüglichen Bemerkung begrüßt. Sie weiß zunächst gar nicht was los ist und ist total schockiert. Dann fragt sie ihre beste Freundin, ob sie sich das erklären kann.
Daraufhin zeigt sie Daniela auf ihrem Handy Fotos, die eine andere Freundin von der Pyjama Party an alle aus der Klasse per WhatsApp geschickt hat: Darauf zu sehen ist Daniela, oben ohne in aufreizender Pose.
Diskutieren Sie mit den Schülern:

- Wie finden die Schüler das, was die angebliche Freundin mit Daniela gemacht hat?
- Darf man Fotos von anderen Personen ohne deren Zustimmung einfach veröffentlichen? Um welchen Straftatbestand handelt es sich? Lassen Sie die Schüler im Netz danach suchen!
- Warum macht das die Freundin? Motive? Sinn?
- Geben die Schüler vielleicht Daniela eine Mitschuld: Denn sie muss sich ja nicht halbnackt fotografieren lassen!
- Perspektive Daniela: Wie fühlt sie sich? Was denkt sie?
- Was ist nun zu tun?
- Was soll Daniela machen?
- Wie könnte die beste Freundin reagieren?
- Welche Rolle soll die Klassenlehrerin/der Klassenlehrer spielen?
- Was soll die Schule in einem solchen Fall machen?

Ziel: Die Schüler*innen sollen verstehen lernen, dass das, was passiert ist, nicht in Ordnung ist und dass es sich auch um eine Straftat handelt. Eine gezielte Selbstreflexion soll helfen, den Schüler*innen vor Augen zu führen, wie ihr digitaler Umgang (Kommunikation) mit anderen momentan aussieht und wie sie diesen zukünftig gestalten wollen: Was ist noch ok, wo sind die Grenzen erreicht?

Zum Abschluss wird als Hausaufgabe die Frage gestellt, was sich die Schüler*innen wünschen würden, wie mit Cybermobbing und Co umzugehen ist. Die Ergebnisse werden im nächsten Treffen zusammengetragen, diskutiert und zu einem Leitfaden für die weitere Arbeit an der Schule verfasst.

- Wie kann man verhindern, dass jemand zum Täter von Mobbing und Cybermobbing wird?
- Welche Rolle sollte die Schule spielen? Welche Rolle die Eltern?
- Welche Ideen haben die Schüler*innen, damit Cybermobbing zukünftig an ihrer Schule keine Chance hat?

Gesprächsleitfaden in Anlehnung an die Farsta-Methode (modifiziert nach Taglieber, 2008)

1. Begrüßung:
»Vielen Dank, dass du gekommen bist.«
»Es gibt etwas, bei dem du uns helfen kannst.«
»Kannst du dir vorstellen, warum du hier bist?«

2. Information:
»In deiner Klasse wird ein Schüler/eine Schülerin X auf (Plattform benennen bspw. WhatsApp) gemobbt. Weißt du etwas darüber?«
»Bist du daran beteiligt?«

Falls eine Reaktion ausbleibt, kann hier etwas gewartet werden. Danach erneut fokussiert und konkret nachfragen.

3. Konfrontation:
»Uns ist bekannt, dass du daran beteiligt bist. Uns liegen diese Informationen vor.«

- Informationen über Cybermobbing benennen. Aber nicht zu stark stigmatisieren, eher Sätze gebrauchen wie: »Wie man mit X umgegangen ist, ist höchst unfair. Das möchte ich nicht.«
- Nachfragen, ob sie/er die Verantwortung dafür übernimmt – Rechtfertigungen werden zurückgewiesen! Diskussionsversuche hierüber beenden!
- Deutlich machen, dass Cybermobbing/Mobbing eine Attacke auf die Person ist und extreme psychische Folgen hat!
- Deutlich machen, dass die Taten unverzüglich aufhören müssen.
- Zeigt sich der Täter/die Täterin einsichtig oder äußert Bedauern, weiter mit Abschnitt 5.
- Bei schwierigem, stockendem Gesprächsverlauf weiter mit Abschnitt 4.

4. Schwieriger Gesprächsverlauf
»Dies ist kein Verhör.«
»Es geht hier um Einsicht und Zusammenarbeit.«
»Wichtig ist hier, dass du Verantwortung übernimmst, was du getan/geschrieben hast.«
»Wir erwarten keine Ausreden mehr, sondern eine Klärung und ein Ende des Mobbings.«
»Du entscheidest mit, was weiter geschieht – es liegt ganz bei dir.«

5. Kooperationsverhalten
Beschreiben lassen:
»Wie erkennen wir, dass das Mobbing durch dich aufhört? Was wirst du gegenüber dem/der gemobbten Schüler*in genau tun?«

6. Verhalten einfordern:
»Wenn andere in deiner Klasse Mobben, was kannst du tun? Und was willst du tun?«

7. Wiedereingliederung:
»Wenn du die/den gemobbte/n Schüler*in X siehst, wie wirst du dich zukünftig verhalten?«
»Welche Rolle willst du bei der Tataufarbeitung einnehmen?«

8. Verantwortung:
»Möchtest du, dass jemand von diesem Gespräch erfahren soll?«
»Wenn du jetzt in die Klasse zurückkommst, was wirst du sagen?«
»Wirst du anderen gegenüber zu deinem Mobbingverhalten stehen?«

9. Weiteres Vorgehen der Schule erläutern:
»Wir werden dein Verhalten weiter beobachten und auch mit anderen darüber sprechen. Dabei geht es darum, wie du dich gegenüber X oder anderen Schüler*innen verhalten wirst. Demnächst werden wir mit der gesamten Klasse ein Gespräch führen.«